유통물류관리 입문

이태안 編著

책을 내면서

인간의 생활 속에 반드시 필요한 요소들 중의 하나가 물질 즉 상품일 것입니다. 이에 인간은 소유하고자 하는 상품 속에서 기본적인 생활 요건을 충족하고 더불어 더 나은 생활만족 지수를 높이려는 행위를 지속적으로 반복하고 있는데 이러한 행위를 관리하고 통제하며 더욱더 질 높은 상품과 서비스를 공급하는 중간자의 역할이 증대되고 있습니다.

그래서 국가에서는 이러한 역할을 주도적으로 하는 전문적인 중간관리자 유통관리사를 양성하고자 자격 제도에 반영하여 추진하고 있습니다.

유통이란 어학적 정의를 내리자면 물의 흐름과 같은데 결국 사회경제 시스템에서 거래를 바탕으로 할 때 자연스러운 거래가 물의 흐름과 같다고 할 수 있겠습니다. 그래서 시대적인 유통의 형태나 방법은 다르더라도 본질은 변함없이 생산에서 소비에 이르기까지 중간단계의 유통기관의 역할과 유통단계의 행위는 예나 지금이나 똑같다고 볼 수 있습니다.

일반적인 생활에서도 유통은 인간이 살아가는데 기본적인 행위로 이루어지고 있고 지금 이 시간에도 끊임없이 유통단계에 있어 그 행위가 계속되고 있습니다. 그래서 인간의 기본적인 생활 영역과 경제 행위가 지속적으로 이루어지고 살아가는 바탕이 되는 것입니다.

우리가 살아가는데 필수 영역을 더해서 삶의 영위를 격상시키기 위한 제품과 서비스는 시대에 맞추어 생산하고 소비하는 반복적인 행위가 발생하고 있는데 이는 과거나 현재나 동일하다고 볼 수 있습니다.

특히 현대 사회에서는 상품과 서비스의 공급과 수요가 갈수록 증가하고 고급화, 전문화되어 가는 추세이다 보니 요즈음 유통관리사는 일반인뿐만 아니라 대학생들 사이에서 많은 관심과 도전을 하고 있는 추세입니다. 이러다 보니 유통관리사 시험문제 난이도가 대체적으로 높아지는 상황이다.

하지만 본 책에서는 개념정리와 기초문제를 병행하여 습득할 수 있게끔 순서를 체계직으로 편찬하였으며 경영, 유통방면의 전공자가 아니더라도 충분히 국가자격시험에 합격할 수 있도록 내용을 구성하였기에 학습 성과를 반드시 달성하리라 믿어 의심치 않습니다.

유통 기초의 입문을 다지는 기초상식을 위주로 각 단락별, 문제별로 이해하기 쉽게 현직에서 강의하는 내용을 중간에 삽입하였기에 크게 의문이 생기지 않도록 하였습니다.

아무쪼록 이 한권의 내용이 유통기초를 닦는 밑거름이 되고 더불어 자격 취득까지 이루어 노력이 보람되는 성과를 갖기를 간절히 바라며 이 책을 내는데 아낌없이 성원을 보내주신 모든 분들께 감사드립니다.

2022년 9월

창원문성대학교 10호관에서

저자 씀

대한상공회의소 자격검정에 의한 유통관리사 국가자격시험[1]에 대해서 알아보면, 유통업체의 전문화, 대형화와 국내 유동시장 개방으로 판매 유통전문가의 양성이 필수적으로 "유통관리사" 검정은 소비자와 생산자간의 커뮤니케이션, 소비자 동향 파악 등 판매 현장에서 활약할 전문가 능력을 평가하는 국가자격 시험이다.

*** 시험주관 : 지식경제부 / 시험시행 : 상공회의소 검정사업단**

자격명칭		검 정 기 준
유통관리사	1 급	유통업 경영에 관한 전문적인 지식을 터득하고 경영계획의 입안과 종합적인 관리업무를 수행할 수 있는 자 및 중소유통업의 경영지도능력을 갖춘 자
	2 급	유통에 관한 전문적인 지식을 터득하고 관리업무 및 중소유통업 경영지도의 보조 업무 능력을 갖춘 자
	3 급	유통실무에 관한 기본적인 지식과 기술을 터득하고 판매업무를 직접 수행할 수 있는 능력을 갖춘 자

유통업무 실무에 종사하며 유통업체에서 업무를 수행할 수 있는 능력을 구비하는 정도의 지식을 학습하고 자격을 취득할 수 있는 정도를 유통관리사 2급 자격시험이라 하는데 아래 표는 2급 자격시험에 대한 카테고리를 나누어 설명해 놓았다. 과목별 세부내용과 학습방향 및 중점적으로 습득해야 할 내용을 설명하였다.

1) 대한상공회의소 자격시험검정 참조

과 목	내 용
유통 · 물류 일반관리 (25)	유통관리 물류관리 소매물류
상권분석 (20)	소매입지 입지선택 상권조사
유통 마케팅 (25)	점포관리 상품관리 판매촉진 활동
유통정보 (20)	유통정보의 이해 유통정보시스템 물류정보시스템 전자상거래의 이해

유통 · 물류 일반관리

① 유통 · 물류일반관리는 가장 난이도 높은 과목이기에 유통관리사 전체적인 흐름을 분명히 이해하여야 하고, 물류에 대해서도 운송, 보관, 하역이론과 적재 및 하역에 대한 물적시스템등을 중점적으로 학습하여야 한다.

② 유통경로의 이해를 숙지하고 도 · 소매업의 형태와 분류 및 소매업에 대한 다양한 이론들을 명확히 파악하며, 소매업에서도 유형적인 설비를 갖춘 것과 무점포소매업의 내용 등도 분명하게 숙지하고 있어야 한다.

③ 물류문제는 매회 5~6회문제정도가 출제되고 있는데 교재의 기본적인 내용을 응용하는 수준까지 출제되고 있으며 또한 유통정보와 혼합되어 출제되는 소매정보 활용이라든가 EDI, QR 등도 반드시 숙지하고 있어야 한다.

상권분석

① 상권분석은 소매입지와 입지 선택 및 상권조사로 구성되어 있다. 이중 입지 부분에서 약40% 가량 출제되고 있으며, 상권분석에서 60% 출제가 되고 있다. 상권조사와 입지 선택의 순서로 출제되는 경향을 보이고 있기 때문에 각 부분을 중점적으로 학습하여야 한다.

② 입지유형별로 도심입지, 노면독립입지, 복합용도개발지역, 패션전문점과 패션잡화점의 입지조건의 종류와 개념 및 장점과 단점에 대해서도 명확한 이해가 선행되어야 한다.

③ 상권분석에서 기존점포와 신규점포의 중 어느 것이 정확하게 분석을 할 수 있는가에서부터신규점포의 분석방법인 체크리스트, 유추법, 중심지이론, 레일리법칙, 허프모델은거의 매년 출제가 되고 있으며, 특히 컨버스이론과허프모델에서는계산문제를 반드시 숙지하고 있어야 한다.

유통 마케팅

① 유통 마케팅은 점포관리와 상품관리 및 판매촉진 활동으로 구성되어 있다. 이 과목은 25문제가 출제되기 때문에 다른 과목에 비해 상대적으로 난이도가 어렵게 느껴질 수 있지만 전체적으로는 그리 큰 어려운 문제는

아니라는 것을 인지해야 한다.

② 유통 마케팅 그 자체로서 마케팅의 이해를 바탕으로 한 소매점포의 조직이나 인사관리에 접근해야만 한다. 특히 점포의 레이아웃 문제나 무점포 소매업의관리 등에 대해서도 보다 명확한 이해를 해야 한다.

③ 상품을 구성할 때 폭과 깊이의 문제, 재고를 언제 발주하여 어떻게 보관해야 효율적이 되는가. 또한 고객과의 커뮤니케이션이 얼마나 이루어져야 우리에게 충성도를보이는지에 대해서도 명확한 인식이 필요하다.

유통정보

① 유통정보에는 유통정보를 이해하고 그러한 바탕에 시스템을 만들어서 유통과 물류에 유용한 정보를 주는지를 알아야 하고 또한 전자상거래에 대한 내용도 알아야 한다.

② 바코드는 다양한 형태가 있지만 깊이 있는 공부를 할 필요는 없으며 EAN 코드, GS1-8, ISBN, ITF-14 등이 무엇인지를 알아야 한다. 또한 VAN, EDI, CALS 등의 유통 · 물류 일반관리에서 나오는 내용도 반복 숙지해야 한다.

③ SCM은 다양한 측면에서 물을 수 있는 CRM 역시 간혹 출제되는 경향이 있다. 특히 e-Catalog 등의 新 물류정보 시스템의 이해는 명확히 해야 하고 전자결제 시스템의 다양한 화폐 종류는 반드시 숙지하고 있어야 한다.

목 차

Ⅰ 유통 상식

1. 유통 이해
2. 도 · 소매업
3. 판매원 자세
4. 기업윤리
5. 유통법규

제1장 유통관리 이해

1. 유통의 이해
2. 유통의 분류
3. 유통의 역할과 기능
4. 상적 물적 유통
5. 유통경로 개념
6. 유통경로상 중간상의 필요성
7. 유통경로 효용 - 사회·경제적 기능
8. 유통경로의 마케팅 기능과 갈등 관리
9. 유통경로 조직
10. 유통경로의 힘(권력)

1 유통의 이해

상품과 서비스(Goods + Service)는 여러 유통구조를 거쳐 최종소비자에 전달되는데, 이러한 과정을 유통이라고 한다. 즉, 유통(流通)은 생산과 소비를 이어주는 중간 기능으로 생산품의 사회적 이동에 관계되는 모든 경제 활동을 말한다.

◆ 유통(流通)

1. 공기 따위가 막힘이 없이 흘러 통함.
2. 화폐나 물품 따위가 세상에서 널리 쓰임.
3. 상품 따위가 생산자에서 소비자, 수요자에 도달하기까지 여러 단계에서 교환되고 분배되는 활동. [유의어] 순환, 융통, 통용 등

◆ 유통관리

유통 활동을 통하여 소비자의 만족 증대, 유통비용을 절감시키기 위하여 유통 관련 업무가 능률적, 자율적으로 수행되도록 조정 및 통제되는 활동을 총칭함.

◆ 유통의 목적

1. 고객 서비스 향상
2. 수송, 보관, 재고, 포장, 하역 등을 효율적으로 관리하여 유통비용 절감으로 소비자 만족 향상
3. 매출 증대와 가격 안정화로 사회 경제의 지속 유지시키는 역할 수행

[유통비 절감, 매출 증대를 통한 가격 안정 ➡ 사회경제 지속화 기여]

2 유통의 분류

◆ 상적 유통

1. 상류(商流)라 통칭한다.
2. 상품의 매매(소유권) * 상거래 유통 (판매자 - 소비자의 관계)

◆ 물적 유통

1. 물류(物流)라 통칭한다.
2. 상직 유통에 따른 상품의 운빈(운송), 보관, 포장, 하역 등
3. 물류관리의 목적 : 물류비 절감 [판매가의 30~40%]
4. Logistics[2] = Rhochrematics

◆ 금융 유통

자금 및 거래에 필요한 대금의 이전 활동

◆ 정보 유통

상품 거래에 소요되는 정보를 제공, 물적 유통 사이 정보를 제공함으로써 고객 서비스 향상 기여

◆ 상적 유통과 물적 유통 / 상류와 물류의 분리 원인

1. 상류 : 상품 소유권을 이전하는 단계 (상거래)
2. 물류 : 상거래보다 2차적 개념, 유통거래에 대한 효용성 창출, 상충

2) 로지스틱스(Logistics) 많은 사람·장비가 동원되는 복잡한 작업의 실행 계획의 뜻으로 軍에서는 병참 (Quartermaster) 작전부대에 대해서 군사작전에 필요한 인원과 군수물자를 충원 또는 보급 지원하는 군의 기구. 작전부대로부터는 치료를 요하는 부상병이나 수리 · 정비를 요하는 파손된 군수품, 또는 영현(英顯)이나 폐품 등을 후송하기 위하여 작전부대와 지원시설 간에 도로나 철도 · 수로 · 공로의 교통로가 요구된다. 이같이 작전부대와 지원 시설을 연결하는 교통로를 병참선(兵站線)이라고 하며, 그 병참선상에 배치되는 지원 및 후송업무를 취급하는 여러 기관을 병참기관, 이 같은 병참기관을 운영하는 업무를 병참업무라 한다. 로크레매틱스(Rhochrematics)는 유통정보의 종합관리 개념이다.

3 유통의 역할 & 기능

유통은 생산과 소빗 사이에 발생하는 사회적, 장소적, 시간적인 불일치를 해소시켜 주고, 생산자와 소비자를 모두 만족시킬 수 있는 매개체 역할을 수행한다.

◆ 교각

1. 생산과 소비 사이의 연결고리 역할
2. 유통으로 인한 사회적 분리를 이어주는 다리
3. 사회적 간격을 해소시켜줌 ⇒ 생산과 소비를 일치시키는 행위

※ 사회적 불일치 극복

◆ 판매망 확보, 점포 생성

1. 생산과 소비의 장소는 다름
   - 생산자와 소비자의 연결고리 역할에 기여
2. 생산지와 소비지의 장소적 차이 해소 ⇒ 소비에 소요되는 장소 제공

※ 장소적 불일치 극복

◆ 365일

1. 상품의 생산시기와 소비의 구매시기는 상이함
2. 생산과 소비의 시간적인 간격을 보관, 포장, 유통관리를 해소
   ⇒ 소비를 할 수 있도록 언제든지 가능한 소비시간 여건 제공
3. 편의점과 같은 24시간의 유통 판매 서비스 구축
4. 온라인(무점포소매)을 통한 24시간 구매시스템 구축 등

※ 시간적 불일치 극복

4 상적 · 물적 유통

상적 유통은 상품의 매매에 의한 거래이므로 소매업과 도매업이 상적 유통의 주담당자가 된다.

◆ 소매업

1. 생산자 또는 도매업자로 부터 유통된 상품을 소비자(최종소비자)에게 판매하는 것이 상류 유통업.
2. 소비자에 대한 역할

> 소비자가 원하는 상품 제공, 적절한 품목 구성, 상품의 재고량 유지, 상품정보 · 유행정보 · 생활정보 제공, 구매 장소 제공, 쇼핑의 즐거움과 서비스 제공 등

3. 생산자 및 공급자에 대한 역할

> 판매 활동을 대신함, 올바른 소비자 정보를 전달, 상품배달 · 포장 · 대금결제 등의 업무를 수행

◆ 도매업

1. 생산자와 소매업을 연결함으로써 상품의 수요와 공급을 유지시키는 역할을 하는 상류 유통업.
2. 생산자에 대한 역할

> 소매업과 직거래에 따른 생산자의 불편 및 비요을 제거, 상품 보관에 따른 비용 및 재고에 따른 부담 절감, 생산이 끝나는 즉시 대금을 지급하여 자금 융통에 도움을 준다, 소매업과의 접촉을 통해 상품 개발에 대한 정보를 제공, 수요와 공급이 일치하도록 조절 역할 수행

3. 소매업에 대한 역할

소매업과 생산자와의 직접 거래에 따른 불편 제거와 비용 절감, 소매업에 자금을 대주거나 외상 판매를 함으로써 금융상의 혜택 제공, 경영 지도나 보조를 함으로써 소매업의 경영합리화에 기여, 소매업 대신 상품 보관 · 저장하거나 상품을 수집 및 수량 분할을 통한 소매상에게 편의 제공

물적 유통은 상품의 운송 · 보관 · 하역 · 포장 · 유통 가공 등을 말하며 육상 · 해상 · 공중의 운송업과 창고업이 주담당이 된다.

◆ 운송업

운송을 주로 담당하는 운송 기관 또는 운송 역할 업무를 수행하는 물류 유통업.

◆ 창고업

상품의 기능을 정상적으로 발휘할 수 있도록 보관 시설을 갖추고 창고를 소유하여 상품을 보관하는 물류 유통업.

1. 보관의 기능

저장 기능, 생산과 판매의 조절 또는 완충 기능, 집산 · 분류 · 검사 장소의 기능, 수송과 배송 간의 윤활유 역할

2. 기능별 창고의 종류

저장창고(저장 기능만 수행하는 재래형 창고), 보세창고(보세[3] 지역 내 수출입 화물을 취급), 유통창고(상품의 보관 + 유통 목적)

---

3) 관세의 부과가 보류되는 일. 관세제도의 특전으로써 행해지는 과세의 유보를 말하고, 사실상으로는 외국화물의 수입면허 미필상태에 놓여 있는 것을 말한다. 이러한 상태에 있는 외국화물을 보세화물이라고 한다.

5 유통경로 개념

▸ 유통산업 : 어떤 상품과 서비스가 생산자로부터 소비자 및 최종사용자에게로 이전되는 과정에 참여하는 모든 개인 및 기업

▸ 유통경로: 제품이나 서비스가 생산자로부터 소비자에 이르기까지 거치게 되는 단계

▸ 유통기관 : 유통 활동에 직접적으로 종사하는 기관 (예) 도매상, 소매상

▸ 유통구조: 제품이나 서비스가 생산자, 상인, 소비자 사이에 거래되는 일련의 체계로 유통경로 + 유통기관으로 구성

▸ 유통과정 : 생산자 → 도매상 → 소매상 → 소비자

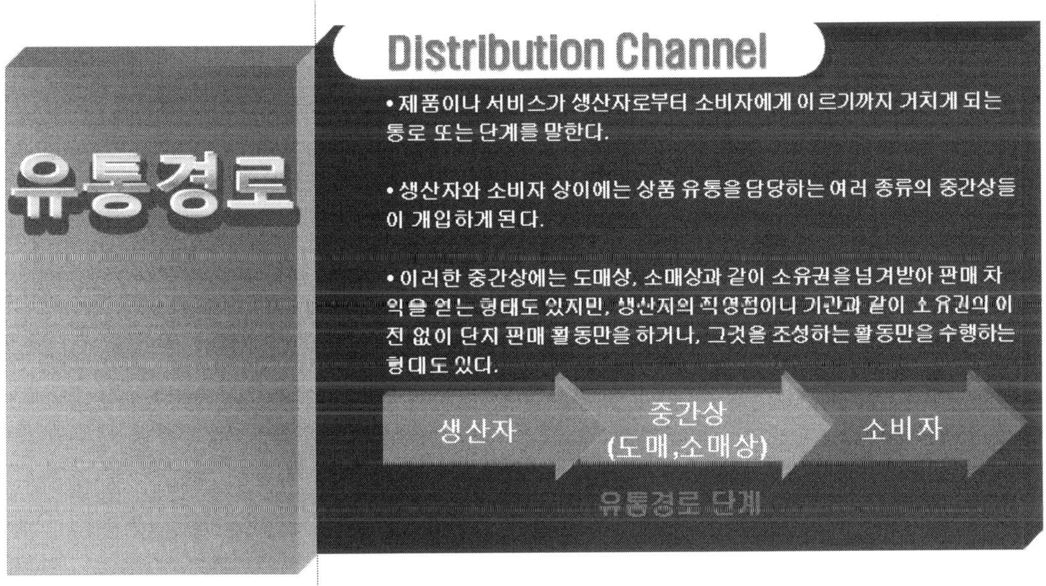

◆ 유통경로의 효용

1. 시간 효용(time utility) : 재화나 서비스의 생산과 소비간의 시차를 극복하여 소비자가 재화나 서비스를 필요로 할 때 이를 소비자가 이용 가능하도록 해주는 효용을 말한다.
2. 장소 효용(place utility) : 지역적으로 분산되어 생산되는 재화나 서비스가 소비자가 구매하기 용이한 장소로 전달될 때 창출되는 효용이다.
3. 소유 효용(possession utility) : 생산자로부터 소비자에게 재화나 서비스가 거래되어 그 소유권이 이전되는 과정에서 발생되는 효용이다.
4. 형태 효용(form utility) : 대량으로 생산되는 상품의 수량을 소비자에게 요구되는 적절한 수량으로 분할 · 분배함으로써 창출되는 효용이다.

◆ 유통경로 커버리지 전략

1. 생산자 → [중간유통기관, 거간[4]] → 최종소비자
2. 중간유통기관의 수, 경로, 형태 등을 결정
3. 소비자의 수요형태, 구매품에 따라 전략 수립

   * 표적시장 = 타겟(Target) 마케팅

   ① 집약적 유통경로 (개방적, 집중적 유통경로)

   ② 선택적 유통경로

   ③ 전속적 유통경로

---

4) 거간(居間) : 사고파는 사람 사이에 들어 흥정을 붙임.

◆ 유통 경로 전략

집약적 유통경로	자사의 제품을 누구나 취급할 수 있도록 개방 (집약적, 개방적, 집중적 등의 같은 표현으로 사용함)	• 소매상이 많음 • 소비자에게 제품 노출 최대화 • 유통 비용의 증가 • 체인화의 어려움 • 식품, 일용품 등 편의품 적용
선택적 유통경로	개방적 유통경로와 전속적 유통경로의 중간형태, 일정 지역에서 일정 수준 이상의 자격요건을 지닌 소매점에만 자사 제품을 취급하는 형태	• 개방적 유통경로에 비해 소매상 수가 적음 • 개방적 유통경로에 비해 유통비용 절감 효과 • 전속적 유통경로에 비해 제품 노출이 많음 • 의류, 가구, 가전제품 등 적용
전속적 유통경로	자사의 제품만을 취급하는 도매상 또는 소매상	• 소매상 또는 도매상에 대한 통제 가능 • 긴밀한 협조 체제 형성 • 유통경로가 짧아 유통비용 감소 • 제품 이미지 제고 및 유지 가능 • 귀금속, 자동차, 고급 의류 등의 고가품 적용

◆ 유통 경로의 길이 결정 요인

영향 요인	긴 경로	짧은 경로
제품 특성	• 표준화된 경량품, 비부패성 상품 • 기술적 단순성, 편의품	• 비표준화된 중량품, 부패성 상품 • 기술적 복잡성, 전문품
수요 특성	• 구매단위가 작음 • 구매빈도가 높고 규칙적 • 편의품	• 구매단위가 큼 • 구매빈도가 낮고 비규칙적 • 전문품
공급 특성	• 생산자 수 많음 • 자유로운 진입과 탈퇴 • 지역적 분산 생산	• 생산자 수 적음 • 제한적 진입과 탈퇴 • 지역적 집중 생산
유통비용 구조	• 장기적으로 안정적	• 장기적으로 불안정으로 최적화 추구

◆ 경로구조 결정 이론

1. 연기-투기 이론(Postponement-Speculation) : 누가 재고보유에 따른 위험을 감수하느냐에 따른 경로구조 결정으로 경로구조를 결정하는데 유용한 이론이이다. 경로구성원들은 재고의 부담을 가능한 한 연기 또는 회피하거나 혹은 투기에 의해 적극적으로 재고를 부담하는 방법을 선택할 수 있는데, 이에 따라 경로의 길이가 달라진다는 의미이다.

   ① 연기 : 다른 경로로 위험과 불확실성을 전가, 물류비용 감소

   ② 투기 : 생산단계에서부터 차별화, 규모의 경제 가능, 주문횟수를 줄이고 물류비용과 재고부족으로 인한 부가비용을 감소, 재고부족위험 줄임

2. 기능위양 이론 : 각 유통기관은 비용우위를 갖는 마케팅 기능들만을 수행하고, 나머지 마케팅 기능은 다른 경로 구성원들에게 위양한다는 의미로 특정 기능을 가장 저렴한 비용으로 수행하는 구성원에게 기능 위양한다는 이론이다. 만약 중간상이 제조업자보다 마케팅 기능을 적은 비용으로 수행할 수 있다면 제조업자는 비용우위가 있는 부분만을 수행하고 나머지 마케팅 기능들은 중간상들에게 위임하므로 경로길이가 길어지게 된다. 경로 관리자가 제품이동 과정에서 각 마케팅 기능을 수행하는데 소요되는 상대적 비용을 파악할 수 있다면, 기능위양 이론은 마케팅경로 구조를 설계하는데 이용 될 수 있다.[5)]

5) 출처 : 유통경로 구조결정에 관한 기능위양이론(네이버블로그 은바라기)

3. 게임 이론 : 제조업체와 중간상이 이익을 극대화하기 위해 자신과 상대방의 행위를 조정해 유통경로 결정

4. 사용자 - 대리 이론 : 조직은 계약관계의 연속.

① 대리인 비용 : 대리인의 자기중심적인 인간적 성향 및 대리인과 주인 사이 정보의 비대칭성

② 이를 최소화하기 위해 인센티브시스템과 통제시스템 등을 개발, 효율적인 조직구조를 설계한다는 이론

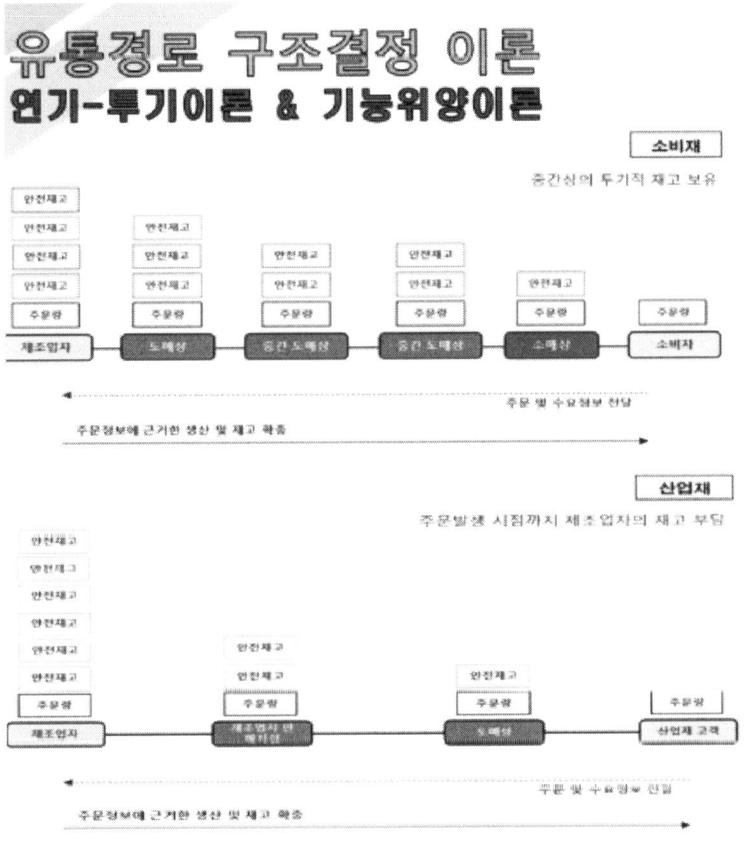

네이버블로그 : 고진감래[苦盡甘來] 지식창고

6 유통경로상 중간상의 필요성

◆ 총거래 수 최소화의 원칙

중간상의 개입으로 거래의 총량이 감소하게 되어 제조업자와 소비자 양자에게 경제적, 시간적 비용이 감소하게 된다. 즉 중간상의 개입으로 제조업자와 소비자 사이의 거래가 보다 효율적으로 이루어지므로 중간상의 개입이 정당화될 수 있다는 논리이다.

◆ 집중 준비의 원칙

유통 경로 상에 도매상이 개입하여 소매상의 대량 보관기능을 분담함으로써 사회 전체적으로 상품의 보관 총량을 감소하게 된다. 이에 소매상이 재고관리 기능을 대체 보완하여 되어 소매업의 상품 보유량을 최소화할 수 있게 된다.

◆ 분업의 원칙

다수 중간상의 개입으로 분업의 원리가 적용됨에 따라 유통 경로상에 수행되는 기능을 경제적, 능률적으로 수행하게 된다. 예로 수급조절, 보관, 위험부담, 정보수집 등이 있다.

◆ 변동비 우위의 원리

유통기관을 다양화 운영, 적절한 규모로의 역할분담 등으로 가격결정 또는 유통비용 등이 공급자, 소비자 모두에게 유리하다는 논리로 중간상의 존재, 필요성에 대해서 강조하는 내용이다. 제조와 유통기관을 통합, 단일화 운영되면 가격의 탄력성이 높아짐.

7 유통경로 효용 – 사회·경제적 기능

효용	마케팅 기능		사회, 경제적 기능
시간효용	물적 유통	보관, 운송기능	생산자와 소비자의 연결
장소효용	소유권 이전	구매기능 판매기능	거래 촉진 제품구색 불일치 완화
형태효용	조성기능	표준화기능	거래의 표준화
기타효용	조성기능	금융기능 위험부담기능 시장정보기능	고객 서비스 향상 상품, 유행, 생활정보 제공 쇼핑의 즐거움 등

① 교환 과정의 촉진 : 잠재적 소비자 증가로 유통경로는 시장에서의 거래 수를 감소시키고 거래를 촉진시킨다.

② 제품 구색 불일치의 완화 : 규모의 경제를 실현하기 위해 소품종 대량 생산을 하는 반면에 소비자는 다양한 제품 라인을 요구함에 따라 제품 구색의 불일치가 발생하여 유통경로를 통해 완화될 수 있다.

③ 거래의 표준화 : 제품, 가격, 구입단위, 지불 조건 등 표준화

④ 생산과 소비 연결 : 장소, 시간, 정보적 장애를 극복 거래 활성화

⑤ 고객 서비스 제공 : 다양한 고객만족, 배달, 설치 등 서비스 제공

⑥ 정보 제공 기능 : 상품, 유행, 생활 등의 유·무형가치 정보 제공

⑦ 쇼핑의 즐거움 : 점포 인테리어 고객편의, 판매원 태도 등의 즐거움

8 유통경로의 마케팅 기능과 갈등 관리

◆ 소유권 이전 기능

유통경로가 수행하는 마케팅 기능 중 가장 기본적이고 본질적인 기능으로 생산자와 소비자 간의 소유적 격리를 조절하여 거래가 성립되도록 하는 기능이다. 즉 상품의 소유권이 생산자로부터 유통경로를 거쳐 최종소비자에게 이전시키는 기능이다.

◆ 물적 유통 기능

물적 유통 기능은 생산과 소비 사이의 장소적·시간적 격리를 조절하는 기능으로 장소적 격리를 극복함으로써 장소 효용을 창출하는 운송 기능과 시간적 격리를 극복하여 시간 효용을 창출하는 보관 기능을 수행한다.

◆ 조성 기능

소유권 이전 기능과 물적 유통 기능이 원활히 수행될 수 있도록 지원해 주는 기능으로 표준화 기능, 시장 금융 기능, 위험 부담 기능, 시장 정보 기능 등 크게 네 가지로 구분 할 수 있다.

1. 표준화 기능 : 수요와 공급의 품질적 격리를 조절하여 거래 과정에서 거래 단위, 가격, 지불 조건 등을 표준화한다.
2. 시장 금융 기능 : 유통 기관이 외상 거래, 어음 발행, 담보, 할부

판매 등과 같은 시장 금융 활동을 함으로써 생산자와 소비자의 원활한 마케팅 기능을 도모시켜 준다.

3. 위험 부담 기능 : 유통 과정에서 발생하는 물리적 위험 · 경제적 위험을 유통 기관이 부담함으로써 소유권 이전 기능과 물적 유통 기능이 원활히 이루어지도록 해 준다.
4. 시장 정보 기능 : 기업이 필요로 하는 소비자 정보와 소비자가 필요로 하는 상품 정보를 수집 · 제공함으로서 정보적으로 격리되어 있는 양자를 가깝게 유도하여 거래가 촉진될 수 있도록 해준다.

◆ 유통경로의 갈등 관리

1. 수직적 갈등 : 유통경로 상에서 서로 다른 단계에 있는 구성원 사이에 발생하는 갈등
2. 수평적 갈등 : 유통경로의 동일한 단계에서 발생하는 갈등
3. 갈등 해소책 : 경로 리더의 지도력을 강화하거나, 경로 구성원간의 공동 목표의 제시로 협력을 증대시키고, 경로 구성원간의 커뮤니케이션 강화 및 중재와 조정 등을 통하여 유통경로의 갈등을 감소시켜야 한다.

◆ 유통경로의 힘(Power)

보상적 권력(Reward power), 강압적 권력(Coercive power), 전문적 권력(Expert power), 준거적 권력(Referent power), 정당성 권력(Legitimate power), 정보적 권력(Informative power)

9 유통경로 조직

유통경로의 조직은 전통적, 수직적 유통경로의 형태로 나뉜다.

◆ 전통적인 유통경로

제조업자가 독립적인 유통업자인 도매기관과 소매기관을 통해 상품을 유통시키는 일반적인 유통방법을 의미한다.

◆ 수직적인 유통경로(VMS; Vertical Marketing System)

생산에서 소비에 이르기까지의 유통과정을 체계적으로 통합하고 조정하여 하나의 통합된 체제를 유지하는 것을 의미한다. 수직적 유통경로는 중앙 통제적 조직구조를 가지며, 유통경로가 전문적으로 관리되고, 규모의 경제를 실행할 수 있으며, 경로구성원 간의 조정을 기할 수 있다.

장점	• 총 유통 비용을 절감시킬 수 있다. • 자원이나 원재료를 안정적으로 확보할 수 있다. • 혁신적인 기술을 보유할 수 있다. • 새로이 진입하려는 기업에게는 높은 진입 장벽으로 작용한다.
단점	• 막대한 자금이 소요된다. • 시장이나 기술의 변화에 대해서 기민한 대응이 곤란다. • 각 유통 단계에서 전문화가 상실된다.

◆ 수직적 유통시스템 형태

① 회사형시스템(소매상을 도매상이 경영하는 회사매입형태)

② 계약형시스템(계약식 자유연쇄점, 소매상 협동조합, 프랜차이즈)

③ 관리형시스템(유통경로상의 한 부분에서 리더의 역할로 조정통제)

④ 동맹형시스템(경로구성원의 둘 이상의 파트너십 동맹관계형 유통운영)

◆ 전통적, 수직적 유통경로 특성 비교

구분	전통적 유통경로	수직적 유통경로
구성원	• 독립적이고 자치적 단위 • 각각 전통적인 마케팅 기능을 수행 • 주로 흥정과 협상으로 조정	• 상호관련적 단위 • 각각 최적결합의 마케팅 기능을 수행
안정성	• 구성원의 충성심이 낮음 • 진입이 상대적으로 용이함 • 개방적 시스템	• 개방적 네트워크이지만 시스템의 요구와 시장조건에 의해 진입은 엄격히 통제
분석	• 마케팅의 한 단계에서 비용, 판매량, 투자관계에 관심	• 마케팅 전체 단계의 비용, 판매량, 투자관계에 관심 • 유리한 경제적 상충관계 분석
의사결정과정	• 일반인에 의해 결정되는 판단에 크게 의존	• 전문가나 전문위원회가 판단하는 과학적 결정에 크게 의존
책임	• 의사결정자는 전통적 형태의 경로에 감정적으로 책임	• 의사결정자는 마케팅개념과 생존력 있는 기관에 분석적 책임

◆ 수평적 유통경로[6]

동일한 경로단계에 있는 두 개 이상의 기업이 대등한 입장에서 자원과 프로그램을 결합하여 일종의 연맹체를 구성함으로써 공생 · 공영하는 시스템을 말한다. 공생적 마케팅(Symbiotic Marketing)이라고도 함.

예를 들면 소매점 독단적인 유통, 판매시스템으로는 경쟁력 부담, 위험성 증대 가능성, 자본 운영의 취약점 등으로 기업간 동맹 또는 관리 부분을 공유하는 시스템을 말한다.

① 수평적 유통경로의 도입 이유

- 한 회사만으로 자본, 노하우, 생산, 마케팅 설비를 모두 감당하기 제한될 경우
- 위험을 회피하고자 할 때
- 연맹관계로 상당한 시너지 효과를 기대할 수 있을 때 도입

② 기업 간 얻을 수 있는 시너지 효과

- 마케팅 시너지 : 여러 제품에 대해서 공동으로 유통경로, 판매, 관리, 조직, 광고 및 판매촉진, 시장판매, 창고이용 등을 함으로서 얻게 되는 효과
- 투자 시너지 : 공장의 공동사용, 원재료의 공동조달, 공동연구개발, 기계 및 공구의 공동사용으로 얻는 효과
- 경영관리 시너지 : 경영자 경험의 결합 및 기업결합 등 효과

---

6) 수평적 유통경로 HMS : Horizontal Marketing System

분야		형 태	
생산		• 공동생산 협정 • 생산시설의 공동이용	• 기술제휴 • 공동연구개발
마케팅	제품	• 공동제품의 개발	• 상표권의 공동취득
	유통	• 유통시설의 공동이용 • 프랜차이즈	• 공동판매기구의 설립
	촉진	• 공동광고 • 공동 판매촉진	• 대고객 공동서비스 • 마케팅 협정

◆ 복수 유통경로[7)]

두 개 이상의 상이한 유통경로를 채택하는 것으로 이는 단일시장이라도 각기 다른 유통경로를 사용하여 세분화된 개별시장에 접근하는 것이 더 효과적이기 때문입니다. 복수 유통경로가 발생하는 이유는 소비자의 수량적 요구의 차이, 판매촉진에 대한 소비자의 반응 차이, 소비자의 가격에 대한 반응 차이, 지역 간 법률적 특이성, 기업의 자산이 잘 맞물리지 않는 경우 즉 생산된 제품을 모두 판매하지 못하는 경우에 발생한다. 복수 유통경로의 예는 다음과 같다.

① 소비자의 구매선향의 차이(한 개와 한 묶음)

② 판매촉진에 따른 소비자의 인식차이

③ 가격에 대한 지역적 또는 온, 오프라인의 차이

④ 지역간 법적(法的) 차이, 판매물품의 수명주기이론 또는 유효시기 적용 등

7) 복수유통경로 MMS : Multichannel Marketing System

10 유통경로의 힘(권력)

기존의 유통경로 상에서 다른 구성원의 마케팅 전략상의 의사결정 변수를 통제하는 능력으로써 한 경로구성원이 다른 경로구성원의 의사결정이나 목적달성에 영향을 미치거나 변경시킬 수 있는 영향력 행사수단이라고 할 수 있다.

예를 들면 가격 절충, 제품의 우위로 선점, 노하우, 상품의 인지도, 상대제품의 불법을 악용, 과거의 유통거래 경험 등이 있다.

수직적 유통시스템에서는 경로리더[8]를 경쟁력 강화 및 유통지도에 효과적인 힘을 창출하기도 한다.

◆ 유통 경로 힘(권력)의 원천

① 보상적 권력

② 강압적 권력

③ 전문적 권력

④ 준거적 권력

⑤ 합법적 권력

⑥ 정보적 권력

---

8) 경로 리더(Channel Leader) 유통 계열화에 참여하는 유통 기관들 가운데 규모나 명성 또는 경제력 등에 있어 지도적 위치에 있는 기업을 말한다.

제2장 도·소매업

11. 유통기관의 분류 [도매상]
12. 도매 기관의 형태
13. 도매 기관의 기능
14. 유통기관의 분류 [소매상]
15. 소매업의 마케팅 기능
16. 소매상의 진화 발전 이론
17. 소매상의 유통업태 유형 및 특성

11 유통기관의 분류 [도매상]

도매는 “소매기관, 상인, 산업적 또는 상업적 사용자들에게 상품을 판매하는 사람이나 기관들에 관련된 행위 등을 의미하며 최종소비자에 판매하는 비중이 적어야 한다.” 고 정의할 수 있다.

도매기관은 상인, 소매기관, 상업적 사용자들에게 상품을 판매하는 사람이나 조직 등을 의미한다고 할 수 있다. 그러나 유통경로상의 많은 기관들이 도매활동과 소매활동을 동시에 수행하고 있기 때문에 혼란이 있으나 이러한 도매와 소매를 구분하는 기준으로는 최종소비자에게 판매하는 비중이 40~50% 미만의 경로 구성원들을 도매 기관이라 정의하고 궁극적으로는 최종소비자에게 소유권과 서비스를 이전하는 마지막 유통기관을 소매기관으로 분류한다.

◆ 도매 유통의 분류

도매상은 제조업자에 의한 ① **제조업 도매상**, 상점으로만 운영되는 ② **상인도매상**, 소유권은 보유하지 않고 대행으로 유통업을 수행하는 ③**브로커와 대리인**으로 나눌 수 있다.

도매업의 분류기준은 다음과 같다.

① 상품의 소유권의 취득 유무에 따른 분류

② 도매상의 제조업자 소유 여부에 따른 분류

③ 제공하는 서비스와 기능의 범위에 따른 분류

④ 취급 상품의 폭과 넓이 등 상품의 전문화 정도에 따른 분류

※ 상인도매상이라 함은 취급하는 제품에 대한 소유권을 가지는 독립된 사업체의 도매기관을 말한다. 상인도매상은 제조업자들로부터 제품을 구매하고 이 제품이 소매상이나 그 외의 사람들에게 다시 판매될 때까지 자신이 소유권을 가지고 있다. 소매상보다는 생산자에게 판매하는 상인도매상을 산업유통업자라 한다. 산업유통업자는 제품을 생산하는데 사용되는 기계도구나 플라스틱, 전기부품, 베어링과 같은 제품을 생산자에게 공급한다.

◆ 도매 기관의 역할

제조업자에게 제공하는 서비스	• 소매상에게 제품판매를 위한 판매력을 제공한다. • 제조업자의 광고계획에 대해 조언을 한다. • 제조업자의 재고수준을 감소시키기 위해 대신해서 새고를 보유한다. • 제품수송을 책임진다. • 제품의 대금을 빨리 지불함으로써 자금을 제공한다. • 제조업자 스스로 얻을 수 없는 시장정보를 제공한다. • 소유권을 갖거나 악성부채, 제품변질에 대한 비용부담을 함으로써 위험을 책임진다.
고객(소매상)에게 제공하는 서비스	• 소매상의 비용을 감소시키기 위해 재고를 보유한다. • 소매상에게 빨리 제품을 수송한다. • 시장정보와 사업에 대한 조언을 해준다. • 신용판매를 함으로서 금융서비스를 제공한다. • 소매상이 원하는 수량이나 형태로 주문을 한다.

◆ 도매상의 발전과정

1. 품종별 특화된 전문화된 도매상이 등장
2. 특정 기능을 적용하는 특화된 도매상이 발달
   (예) 현금무배달, 직송, 통신판매, 트럭판매, 선반진열 도매상 등
3. 유통의 종합마켓 센터(물류, 유통센터 등)를 통한 종합도매상 진화

12 도매기관의 형태

1. **제조업자 도매상**은 판매 지점이나 판매 사무소와 같이 제조업자에 의해 운영되는 도매상으로 주로 재고 통제와 판매 및 촉진 관리를 향상할 목적으로 활용한다.

> • 제조업자 도매 기관은 제조업자가 직접 도매기능을 수행하는 것이다. 이는 일종의 제조업자 내부에 있는 도매기능으로, 대개의 경우 제조업자의 생산자나 고객이 있는 시장에 가까이 위치하는 것이 특징이다.
>
> • 제조업자 도매 기관에는 제조업자의 판매지점(Manufacturer's Sales Branch)과 판매사무소(Manufacturer's Sales Office)가 있다. 둘 다 제조업자의 도매기능을 수행한다는 점에서는 동일하나 판매지점은 판매할 제품의 재고를 보유하고 있는 반면, 판매사무소는 제품의 제고를 보유하고 있는 않는 것이 다른 점이다.

2. 상점으로만 운영되는 **상인 도매 기관**은 완전 기능 도매상(도매상인, 산업 분배업자)과 한정 기능 도매상(현금 무배달, 직송, 통신판매, 우편주문, 트럭, 선반 진열 도매상의 제한된 중간도매 유통 업무를 수행)으로 분류한다.

① 완전기능 도매기관 (도매상인, 산업 분배업자)

② 한정기능 도매기관(현금판매, 트럭도매, 직송, 선반 도매 기관)

③ 사회적 간격을 해소시켜줌 ⇒ 사회적 불일치 극복

◆ 완전 기능 도매상

고객들을 위하여 수행하는 서비스 가운데에서 필요한 광범위한 서비스를 제공하는 도매 기관이다. 완전기능 도매 기관들은 그들이 취급하는 제품의 종류에 따라 종합상인(완전기능) 도매 기관과 전문상인(완전기능) 도매 기관으로 분류할 수 있다.

◆ 한정 기능 도매상

① 현금 무배달(Cash And Carry Wholesaler)

- 현금판매 도매 기관은 주로 소매규모의 소매 기관에 상품을 공급
- 현금판매 도매 기관을 이용하는 소매 기관들은 직접 이들을 찾아와서 제품을 주문하고 직접 제품을 인수
- 이들은 배달을 하지 않는 대신 저가격으로 소매 기관에 상품을 공급하며, 신용판매를 하지 않고 현금만으로 거래
- 소매 기관의 판매를 위한 지원도 하지 않으며, 판매원도 미보유

② 직송(Drop Shipper)

- 제조업자나 공급자로부터 제품을 구매한 뒤 제품을 제조업자나 공급자가 물리적으로 보유한 상태에서 제품을 고객들에게 판매하게 되면 고객들에게 직접 제품을 직송
- 목재나 석탄 등과 같이 원자재에 해당하는 제품들은 제품의 이동이나 보관이 어렵기 때문에 도매 기관이 제품을 구매한다고 하더라도 제품을 직접 보유하지 못하게 된다. 그래서 제조업자나 공급업자가 보유토록 하고 판매가 이루어지면 제조업자나 공급자가 직접 고객

들에게 직송한다.

③ 우편주문 도매상(Mail-order Wholesaler)

- 소규모의 소매상이나 산업구매자에게 보석이나 스포츠용품 등을 제품목록을 통해 판매
- 인적 판매 노력에 대한 비용이 제품 판매로써 지원되지 못하는 외진 지역에 있는 소규모의 소매상들에게 판매

④ 트럭 도매 기관(Truck / Wagon Wholesaler)

- 고정적인 판매 루트를 가지고 있으며 트럭이나 기타 다른 운송 수단으로 판매와 동시에 상품을 배달한다.
- 머천다이징(Merchandising)[9]과 촉진지원을 한다.
- 사용판매를 하지 않으며 고객을 위한 조사기능이 상대적으로 취약하다. 대체로 이들의 운영비는 개인적인 서비스를 고객에게 제공하기 때문에 높은 편이나, 평균판매액은 낮은 편이다. 취급하는 제품은 취급이 까자롭거나 부패 및 파손가능성이 높은 것들이다.

⑤ 선반 진열 도매상(Rack Jobber)

- 일반적으로 소매점의 진열선반 위에 상품을 공급하는 도매상을 말한다. 선반에 전시되는 상품에 대한 소유권은도매 기관들이 가지

9) 머천다이징(Merchandising) : 시장조사와 같은 과학적 방법에 의거하여, 수요 내용에 적합한 상품 또는 서비스를 알맞은 시기와 장소에서 적정가격으로 유통시키기 위한 일련의 시책을 말하며 통상 상품화계획, 마케팅 활동의 일부이다. 유통을 위한 활동은 ① 생산 또는 판매할 상품에 관한 결정, 즉 상품의 기능 ·크기 ·디자인 ·포장 등의 제품계획, ② 그 상품의 생산량 또는 판매량, ③ 생산시기 또는 판매시기, ④ 가격에 관한 결정을 포함한다.

고 있으며, 소매기관이 상품을 판매한 뒤에 도매 기관에게 대금을 지불하는 일종의 위탁방식이다. 단, 팔리지 않는 상품은 전량 환수한다.

- 선반 도매 기관은 소매점 내에 직접 선반을 설치하여 상품을 전시하며, 상품에 가격표시를 하고 재고를 유지 및 기록한다.

3. 제조업자 대리인은 여러 제조업자의 위탁으로 제품을 대신 판매해주는 **대리 도매 기관(Agent)**이다. 브로커와 대리인은 대리 중간상 또는 기능 중간상이라고도 하며 이들은 취급하는 상품에 대한 소유권은 보유하지 않고 단지 상품 거래를 촉진시켜 주고 판매 가격의 일정 비율을 수수료로 받는다.

> 제품에 대한 소유권은 없이 단지 제조업자나 공급자를 대신해서 제품 판매하며 판매지원이나 조사기능 등을 수행하지만 제품에 대한 직접적인 소유권이 없다는 것이 가장 큰 특징이다. 그리고 대체로 제품을 대신 판매하고 난 뒤 제조업자나 공급자로부터 수수료(Commission)[10]를 받음

① 제조업자 대리인(Manufacturer’s Agent)

- 여러 제조업자의 위탁으로 제품을 대신 판매해주는 도매 기관이다. 여러 제조업자의 제품을 대신해서 판매해주지만 이들이 취급하는 제품들은 대체적으로 서로 비경쟁적이거나 보충적인 제품들이다.
- 영업지역이 서로 명확하게 구분되어 있다.

10) 수수료(Commission) : 매매거래의 서비스의 대가로서 대리점 등에 지급하는 수수료를 말한다. 대행하는 기관이나 업체가 일정한 판매나 행위를 했을 때 주어지는 경제적 비용.

• 제품에 대한 신용판매는 하지 않지만 제품의 배달 및 제품판매를 위한 조사 등에 대하여 지원하고 머천다이징 및 촉진지원 등을 한다.

• 일반적으로 대미 도매 기관들의 대리판매 커미션은 판매액의 5~10% 정도이다.

② 판매대리(Selling Agents)

• 판매대리인은 계약상 모든 마케팅활동 결과에 대한 책임을 진다.

• 가격이나 기타 판매조건에 관한 결정권한을 가지고 있으며, 제품에 대한 소유권을 제외한 모든 도매기능을 한다.

• 한 제조업자와 판매계약을 맺어 제조업자의 판매부서와 같은 역할을 한다.

• 판매대리인은 대규모 제조업자보다는 소규모 제조업자와 계약을 하는 경우가 많으며, 한 제조업자와만 독점적으로 판매계약을 하기때문에 제조업자 대리도매 기관에 비하여 커미션이 높은 편이다.

③ 수수료 상인(Commission Merchants)

• 수수료 상인은 생산로 부터 위탁에 의하여 상품을 받는다.

• 종종 신용을 제공하며, 상품을 비축·전달하며 또한 판매원을 제공하기도 한다.

• 판매를 위한 연구와 계획적인 지원을 하지만, 통상 말하는 상품화 계획과 촉진을 지원하지는 않는다.

• 수수료 상인은 공급자가 제시한 가격의 범위 내에서 구매자와 가격에 대한 협상을 할 수 있으며, 제품이 판매되고 나면 판매가에서 수수료, 운송비, 기타 경비를 제한다.

• 이러한 유형은 농산물, 해산물, 가구, 예술작품 등에 많다.

④ 거간(Broker)

• 기본적인 임무는 구매자와 판매자를 만나게 하는 일이다.가격, 제품, 일반시장생활과 관련하여 상당한 시장정보를 제공한다.
• 일반적으로 상품을 물리적으로 취급하지 않으며, 판매의뢰자와 지속적인 기반 위에서 거래를 하는 것은 아니다.
• 브로커에게는 가격설정권이 없다.
• 판매에 관하여 협상을 해줄 뿐이며 구매지의 요구를 승인하거나 거절하는 것의 책임은 판매자에게 있다.

◆ 도매기관 형태와 특징

구 분	상인 도매 기관	대리 도매 기관	제조업자 도매 기관
통제 및 기능	도매 기관이 도매기능을 통제하고 많은 또는 전부의 기능을 수행	제조업자와 도매 기관이 각각 약간의 통제와 기능을 수행	제조업자가 기능을 통제하고 모든 기능을 수행
소유권	도매 기관이 제품을 소유	제조업자가 제품을 소유	제조업자가 제품을 소유
현금 흐름	도매 기관은 제조업자에 대금을 지불하고 제품을 구입하며 다시 그 제품을 고객에 판매	제품이 판매되면 도매 기관은 대금을 제조업자에게 지불하고 커미션이나 수수료를 받음	제조업자가 판매하고 대금을 회수
최적 이용	제조업자가 많은 제품계열을 보유하고 있거나 지역적으로 분산된 고객에 판매할 때에 적당	제조업자가 소규모 마케팅이 부족할 때, 그리고 상대적으로 고객에 지명도가 약할 때 적당	고객의 수가 적을 때 그리고 지역적으로 집중되어 있을 때 적당

13 도매 기관의 기능

◆ 제조업자를 위해 도매상이 수행하는 기능

1. 시장 확대 기능

① 고객이 제조업자의 제품을 필요로 할 때 쉽게 구매할 수 있도록 제조업자는 합리적인 비용으로 필요한 시장 커버리지를 유지하도록 도매상에게 의뢰할 수 있다.

② 도매상을 이용하여 많은 수의 소매상 고객을 접촉한다면 제조업자의 비용은 상당히 절약할 수 있게 된다.

③ 도매상이 있음으로써 제조업자는 적은 비용으로 시장을 확대할 수 있다.

2. 재고 유지 기능

① 도매상들은 제조업자 제품의 일정부분을 재고로서 보유하게 되는데, 이렇게 함으로써 도매상들은 제조업자의 재무부담과 막대한 재고보유에 따른 제조업자의 위험을 감소시켜주게 된다.

② 제조업자의 예상된 판로로서의 역할을 하기 때문에 제조업자는 보다 확실한 생산계획을 세울 수 있게 된다.

3. 주문 처리 기능

대다수의 소매상들은 제품을 대량으로 구매하기가 어렵지만 다수의 제조업자들의 제품을 구비한 도매상들은 이러한 고객들의 소량주문을 보다 효율적으로 처리할 수 있다.

4. 시장정보 제공 기능

도매상들은 제조업자들보다 고객들의 제품이나 서비스에 대한 요구에 관하여 파악하기가 쉽기 때문에 제조업자에게 제조업자의 제품계획, 가격결정, 경쟁적 마케팅전략 수립에 관한 유용한 정보를 제공할 수 있다.

5. 고객서비스 대행 기능

도매상에서 제품을 구입하는 소매상들은 제품의 교환, 반환, 설치, 보수, 기술적 조언 등 다양한 유형의 서비스를 필요로 하고 있는네 제조업자가 이 같은 서비스를 다수의 소매상에게 제공하는 것은 막대한 비용과 비효율을 초래하게 된다. 따라서 제조업자의 입장에서는 도매상들이 소매상들에게 이 같은 서비스 제공을 대행 또는 보조하도록 함으로써 생산성 향상을 도모할 수 있다.

◆ 소매상을 위해 도매상이 수행하는 기능

1. 구색 갖춤 기능

① 도매상은 다수의 제조업자로부터 제품을 제공받아 소매상의 주문업무를 단순화할 수 있는 제품구색을 갖출 수 있다.

② 소매상은 다수의 제조업자들에게 주문을 하는 대신에 필요로 하는 제품구색을 보유한 소수의 전문화된 도매상에게 주문을 할 수 있다.

2. 소단위 판매 기능

도매상은 제조업자로부터 대량 주문을 한 수에 제품을 소량으로 분할하여 소매상들의 소량 주문에 응하기 때문에 제조업자와 소매상 양자의 욕구를 모두 만족시켜줄 수 있다.

3. 신용 및 금융 기능

① 외상판매를 확대함으로써 소매상들이 구매대금을 지불하기 전에 제품을 구매할 수 있는 기회를 제공한다.

② 소매상들이 필요로 하는 많은 품목들을 보관하고 이용가능성을 증가시켜주는 기능을 수행함으로써 소매상들의 재고부담을 감소시켜준다.

4. 소매상 서비스 기능

소매상들은 제품의 구매처로부터 배달, 수리, 보증 등 다양한 유형의 서비스를 요구하게 된다. 도매상은 이같은 서비스를 제공함으로써 소매상들의 노력과 비용을 절감시켜 준다.

5. 기술 지원 기능

많은 제품들은 제품사요에 대한 기술적 지원과 조언 외에도 제품판매에 대한 조언을 필요로 한다. 이 경우 도매상은 숙련된 판매원을 통해 소매상에게 기술적 · 사업적 지원을 제공하고 있다.

14 유통기관의 분류 [소매상]

소매는 최종 소비자들에게 제품이나 서비스를 판매하는 유통업을 말한다. 소매업이란 "소비재를 타인으로부터 조달하거나 또는 스스로 제조하여 소비자에게 최종적으로 판매하는 일을 주 업무로 하는 유통업"이라고 정의한다.

① 소매업은 원칙적으로 유형의 소비재를 취급하는 유통업이지만, 최근에는 무료 제공이 아닌 사업의 일환으로 무형인 서비스 경영의 형태로 영위해 나가는 경우가 많다. 이러한 경향은 아직 소매업 전체의 지배적인 형태는 아니나, 앞으로 새로운 경영 방향을 나타내는 것으로 볼 수 있다.

◆ 소매 유통의 분류

1. 소매상은 일반적으로 소유권의 유무, 점포의 전략적 판매방법, 점포가 없는 형태로의 판매형태 등으로 분류함.

2. 소매상 중 가장 큰 형태이자 전문점에 속하는 소매업태는 백화점

① 소유권 : 독립적 소매상, 체인 소매상, 프랜차이즈, 소비자 조합

② 점포 전략 믹스 : 백화점, 편의점, 슈퍼마켓, 양판점, 재래시장, 전문점, 연금 매장, 슈퍼스토어, 할인점, 하이퍼마켓

③ 무점포 소매상 : 자동판매기, 통신판매, 인터넷쇼핑, 텔레마케팅, 스마트폰, 소셜마켓, 홈쇼핑

◆ 소매업의 사회, 경제적 역할

소매업은 상품의 흐름 과정에서 생산 및 공급 업자와 소비자를 원활히 연결시켜주는 기능을 수행한다. 즉, 소매업은 양측 모두에게 장소 · 시간 · 소유 그리고 때로는 형태 효용을 제공하여 이러한 효용의 창출은 거래 기능 · 물적 유통 기능 · 촉진 기능을 적극적으로 수행함으로써 이루어진다.

1. 소비자에 대한 소매업의 역할
   ① 올바른 상품을 제공하는 역할
   ② 적절한 상품의 구색을 갖추는 역할
   ③ 필요한 상품 재고를 유지하는 역할
   ④ 상품 정보 · 유행 정보 · 생활 정보를 제공하는 역할
   ⑤ 쇼핑의 장소(위치)를 제공하는 역할
   ⑥ 쇼핑(shopping)의 즐거움을 제공하는 역할
   ⑦ 쇼핑(shopping)의 편의를 제공하는 역할

2. 생산 공급업자에 대한 소매업의 역할
   ① 판매 활동을 대신해 주는 역할
   ② 올바른 소비자 정보를 전달해 주는 역할
   ③ 물적 유통 기능을 수행하는 역할
   ④ 금융 기능을 수행하는 역할
   ⑤ 촉진 기능을 수행하는 역할
   ⑥ 생산 노력을 지원하는 역할

◆ 소매상의 발전과정

1. 산업혁명으로 인한 산업화 시대 - 백화점
2. 지방 분산성책으로 연쇄점(chain store)
3. 마을의 틈새수요 공략을 통한 슈퍼마켓(식료품 위주)
4. 부도심을 중심으로 소매점 품목을 대량으로 공급하는 전문 할인점 (Discount store)이 등장
5. 할인점이 발전하여 SSDDS[11], PSC[12]로 발전
6. 구매수요자의 생활 패턴을 매칭한 편의점과 전문점이 등장
7. 도심지 주거 및 상권 지역에서의 SSM[13] 형태의 마트 등장

---

11) self-service discount department store : 셀프서비스 방식을 채용하여 싼 가격으로 판매하는 백화점. 1955년 미국의 E.J.코벳 사장 U.파카프에 의해 시작되어 유통혁신의 중심세력이 되었다. 식품 중심의 슈퍼마켓, 내구소비재 중심의 디스카운트스토어에 대하여, 의료품 중심으로 출발하였으나 점차 상품구성을 확대하여 백화점과 같은 광범위한 종류의 상품을 취급하면서 전통적인 백화점보다 싸게, 대량으로 판매하는 상업기구가 되었다. SSDDS의 특징은 낮은 이윤, 상품의 빠른 회전, 점포의 대규모화, 저경비 경영, 낮은 설비투자로써 높은 효율, 교외에의 입지 등이다. [출처] SSDDS (두산백과 두피디아, 두산백과)

12) PSC(public service coupon) : 서비스를 제공하기 위한 쿠폰 형태의 판매 기술

13) Super SuperMarket : 기업형 슈퍼마켓으로 불리는 것으로, 대형마트보다 작고 일반 동네 수퍼마켓보다 큰 유통매장을 지칭한다. 일반적으로는 개인 점포를 제외한 대기업 계열 슈퍼마켓을 지칭한다. 대규모 할인점과 동네 슈퍼마켓 중간 크기의 식료품 중심 유통 매장으로, 할인점이 수요를 흡수하지 못하는 소규모 틈새시장을 공략 대상으로 삼는다. SSM은 할인점에 비해 부지 소요 면적이 작고 출점 비용이 적게 들며 소규모 상권에도 입지가 가능해 차세대 유통업태로 각광받으면서 그 수가 급증했다. 또 대형마트와 달리 주거지에 가까이 위치하고, 영세슈퍼에 비해 다양한 품목을 취급한다는 점 때문에 그 수가 증가하면서, 전통시장과 동네슈퍼의 고사라는 부작용을 일으켰다. [출처] 시사상식사전, pmg 지식엔진연구소

15 소매업의 마케팅 기능

미국 마케팅 협회에서 마케팅은 정의는 상품과 서비를 생산자로부터 소비자 및 사용자에게 유통시키는 기업 활동의 수행이다. 맥카시(E.J.McCarthy)의 정의에서는 생산자로부터 소비자 내지 사용자에 이르기까지 소비자의 만족과 기업의 목적을 달성하기 위해서 재화 및 서비스의 유통을 관리하는 기업 활동의 수행이다.

현대에서의 마케팅은 생산 지향의 경영으로부터 시장 지향의 경영으로 전환되어 있고, 소비자 지향 내지 고객 지향을 내용으로 하며 마케팅의 기능은 재화가 생산자로부터 소비자에게 이전되어 가는 과정에서 대행되는 특화된 활동을 말하며, 마케팅 기능은 중간상은 물론 생산자와 소비자가 대행하는 수도 있다. 그러나 일반적으로 고도로 전업화(專業化)한 중간상에 의하여 수행되는 것이 가장 능률적이다.

◆ 소매업 마케팅 기능

1. 소유권 이전 기능

소유권 이전 기능은 교환 기능이라고도 하는데, 생산자와 소비자 간의 소유권 내지 인적 격리를 조절하여 마케팅이 이루어지게 하는 기능으로서 마케팅 기능 중 가장 본질적인 것이라 할 수 있다. 구매와 판매는 소유권 이전을 가져온다.

※ keyword : 구매, 판매

2. 물적 유통 기능

재화의 물적 유통 기능이란 생산과 소비 간의 장소적 및 시간적 격리를 조정하는 기능을 말한다. 이 물적 유통 기능에는 장소적 격리를 조절함으로써 장소 효용을 창조하는 운송과 시간적 격리를 조절하여 시간 효용을 창조하는 보관의 양 기능이 있다.

※ keyword : 운송, 보관

> 보관의 필요성으로는 계절생산, 계절적 수요, 기업의 필요, 수송 요소, 생산물의 성질, 투기상(사재기) 등을 고려해야 한다.

3. 조성 기능

조성 기능이란 제기능이 합리적으로 수행되도록 조성하는 기능으로 이를 위해 수요 공급의 품질적 괴를 조절하는 표준화, 관념적 괴를 조절하는 시장 정보, 마케팅 활동의 자본적 뒷받침을 하여 주는 시장 금융, 마케팅 활동에 수반하는 위험에 대처하는 위험 부담 등의 기능이 있다.

※ keyword : 표준화와 등급화, 시장금융, 위험 부담, 시장정보

> 외부로부터 얻을 수 있는 시장 정보의 중요한 형태
>
> ① 수요 정보(Demand Information)
> - 현재 및 과거의 사품, 특정 상품에 대한 판매 분류
> - 잠재 고객과 고객의 수
> - 소비자 내지 고객의 잠재 구매력
> - 산기의 잠재를 감소케 하는 경쟁 요소
> - 소비자 내지 고객의 구매 동기와 기호
>
> ② 촉진상 정보(Promotional Information)
> - 소비자 반응 및 상이한 촉진상의 기법과 소구(어필)에 대한 고객
> - 상이한 촉진적 매체의 상대적 도달 범위와 효과
>
> ③ 배급상 정보 : 각종 배급업자의 이용성과 상대적 효과
>
> ④ 가격 정보 : 특수품의 가격에 영향을 주는 일반 가격 추세

16 소매상의 진화 발전 이론

◆ 소매업 수레바퀴 이론(The Wheel Retailing Hypothesis)

소매시장에서 변화하는 소비자들의 구매 욕구에 부흥하기 위한 소매업자의 노력이 점차적으로 증가함에 따라 또 다른 소매업자에 의해 원래 형태의 소매업이 출현하게 되는 일종의 순환 과정

단계	도입기	성장기	취약기
성격	혁신적 소매상	전통적 소매상	성숙 소매상
시장지위	유치	성장	쇠퇴
영업특성	• 저가격 • 최소한 서비스 • 점포시설 미비 • 제한적 제품 구색	• 고가격 • 차별적 서비스 • 세련된 점포시설 • 제품 구색 욕구 충족 • 도심지, 번화가 위치	• 고가격 • 고품질, 고서비스 • 고비용, 대자본 • 보수주의 • RIO(투자수익률) 감소

◆ 소매점 아코디언 이론(Retail Accordion Theory)

제품 구색의 변화에 따라 소매업태가 변화한다는 것이 핵심이다. 즉, 넓은 구색에서 전문화된 좁은 구색으로 변화를 반복한다는 것이다. 이는 다시 다양하고 전문적인 제품 계열을 취급하는 소매점으로 진화해 가는 것으로 보며, 그 진화과정 즉 상품 믹스의 "확대 → 수축 → 확대" 과정이 아코디언과 유사하여 이름 붙여진 이론이다.

◆ 소매 수명 주기 이론(Retail Life Cycle Theory)

1. 유통업태가 시간이 지남에 따라 일정한 단계를 거쳐 발전한다는 이론
2. 새로운 신제품이 시장에 도입되어 이를 보급시키고 발전되며 성숙기에 다다르면 또 다른 신제품의 개발로 인해 판매량이 줄어드는 일련의 과정
3. 마케팅 및 유통전략

- 도입기 : 제품 도입 시기로 매출 상승을 위한 수요예측, 광고 마케팅 주력
- 성장기 : 매출신장, 경쟁심화, 자사 제품만의 차별성·우수성 강조, 인지소구에서 구매유도적인 마케팅으로 전환
- 성숙기 : 대부분의 제품들, 비사용자를 사용자로 전환, 품질전환과 스타일 개선전략
- 쇠퇴기 : 가격인하, 수익성 적은 유통 폐쇄

단계	도입기	성장기	성숙기	쇠퇴기
마케팅 목표	제품인지도증가 제품사용확대	시장확대 제품계열확대	가격인하 서비스증대 유통경로확대	촉진비용절감 서비스감소 가격인하
경쟁강도	매우 낮다	높다	높다	점차 약화
마케팅 비용	매우 크다	크다	보통	거의 없다

◆ 변증법적 과정(The Dialectic Process Hypothesis)

1. 소매점의 진화과정을 변증법적 유물론에 입각해서 해석하며 고가격, 고마진, 고서비스, 고회전율 등의 장점을 기지고 있는 백화점이 출현하면 이에 대응해서 저가격, 저마진, 저서비스, 저회진율 등의 반대적 장점을 가진 할인점이 나타나 백화점과 경쟁을 한다.

2. 백화점과 할인점의 장점이 적절한 수준으로 절충되어 새로운 형태의 소매점인 할인 백화점으로 진화해 간다는 이론이다.
3. "정, 반, 합" → "정, 반, 합" 변증법[14](dialectic) 형태 과정

◆ 진공지대 이론(Vacuum Zone Theory)

1. 소비자의 서비스와 가격에 대한 선호도를 중심으로 새로운 업태의 등장을 설명하는 이론이다.
2. 저가 - 저서비스 업태와 고가 - 고서비스 업태가 양극단에 위치한다고 할 때, 소비자가 가장 선호하는 업태가 그 중간점(중가 - 중서비스, 이를 진공지대라 일컬음)에 위치한다면 기존 업태가 중간 점으로 업태를 전환하면서 그 결과, 양극단에 새로운 업태가 들어설 수 있는 여지가 발생한다고 보는 이론이다.

---

14) 동일률(同一律)을 근본원리로 하는 형식논리에 대하여, 모순 또는 대립을 근본원리로 하여 사물의 운동을 설명하려고 하는 논리로 변증법이란 것을 인식뿐만 아니라 존재에 관한 논리로 생각한 것은 G.W.F.헤겔이었다. 헤겔은 인식이나 사물은 정(正)·반(反)·합(合)(정립·반정립·종합, 또는 卽自·對自·즉자 겸 대자라고도 한다)의 3단계를 거쳐서 전개된다고 생각하였으며 이 3단계적 전개를 변증법이라고 생각하였다. 정(正)의 단계란 그 자신 속에 실은 암암리에 모순을 포함하고 있음에도 불구하고 그 모순을 알아채지 못하고 있는 단계이며, 반(反)의 단계란 그 모순이 자각되어 밖으로 드러나는 단계이다. 그리고 이와 같이 모순에 부딪침으로써 제3의 합(合)의 단계로 전개해 나간다. [출처] 辨證法 (두산백과 두피디아, 두산백과) 그리스어의 동사 "대화하다" 혹은 "강연하다"를 뜻하는 말에서 유래했다. 아리스토텔레스(Aristotle, 기원전 384-322)는 에레아의 제논(Zeno of Elea, 기원전 약 490-430)이 변증법을 발견했다고 했으며, 논적(論敵)의 가설을 상대방이 받아들일 수 없도록 논박하는 제논의 파라독스에 대해서 인용하고 있다. 이 용어는 소크라테스(Socrates, 470-399)가 처음으로 일반적 응용을 하였으며 그 후에 플라톤(Plato, 기원전 427-347)의 아카데미에서 논의의 선법(論議의 旋法, 論爭의 旋法, mode of argument)으로 나타났다. [출처] 변증법 [dialectic, 辨證法] (과학사사전, 2011. 2. 1., 이호중)

17 소매상의 유통업태 유형 및 특성

◆ 소매업별 특징

1. 백화점(Department Store)

선매품을 중심으로 생활필수품, 전문품에 이르기까지 다양한 상품 계열을 취급하며 대면 판매, 현금 정찰 판매, 풍부한 인적 · 물적 서비스로써 판매활동을 전개하는 상품 계열별로 부문 조직화된 대규모 소매기관이다.

① 현대적인 건물과 시설

② 대량 매입의 경제성

③ 기능별 전문화에 의한 합리적 경영

④ 균형있는상품 구성 및 다양한 서비스

⑤ 엄격한 정찰제

⑥ 대량 판매 촉진과 명성을 배경으로 한 고객 유치 및 강력한 재정 능력

※ 백화점 없는 세가지

① 창문 ② 시계 ③ 1층 화장실

2. 연쇄점(連鎖店)

동일한 유형의 상품을 판매하는 다수의 점포가 중앙 본부로부터의 통제 · 관리를 통해 고도의 정형화 · 표순화를 달성하면서 전체적인 판매력과 시장 점유율을 강화하여 가는 소매 조직으로 공동으로 구매하여 공동설비를 이용한 소매점 집단이다. 연쇄점은 소매기구의 통합형태의 일종으로 본부에 의하여 소유되고 어느 정도 공동 경영하는 연쇄조직하

에 있는 특징이 있다. 우리 나라의 <도·소매업진흥법>에 의하면 "연쇄사업이라 함은 다수의 동일업종의 소매점포를 직영하거나 다수의 동일업종의 소매업자와의 계약에 의하여 계속적으로 상품을 공급하며 경영을 지도하는 사업을 말한다." 라고 되어 있다.

(예) 우유, 음료수 등

연쇄점을 분류해보면

① 회사형 연쇄점(Corporate Chain Store) : 보통 레귤러 체인(Regular Chain)이라고 하며, 국제체인스토어협회의 정의에 가장 적합한 형태이다. 이 유형의 연쇄점은 체인 본부가 규모의 이익을 실현하기 위해서 여러 곳에 분산되어 있는 개별적인 소비자의 특성에 대응하여 자기 자본과 자기 책임 하에서 점포를 여러 곳에 전개시키는 형태이다. 각 지점은 체인 본부의 강력한 관리와 통제 아래 운영되며, 지점에서 임의대로 할 수 있는 재량이란 거의 없다. 회사형 연쇄점은 백화점과 달리 지역 특성에 따라 수많은 점포를 운영하되 중앙 집중적 대량 구매의 이점을 살리며, 개별 점포가 모두 동일한 건축 양식과 동일한 가격, 동일한 상품들을 취급하므로 소미자들에게 소구력을 높일 수 있는 장점이 있다.

② 가맹점형 연쇄점은 임의형, 협동형, 프랜차이즈 유형의 가맹점이 있다. 연쇄화 사업자와 가맹 점포가 별개의 기업으로 존재하면서 상품을 공동으로 매입하여 공급하고 경영을 지도하는 형태이다. 이것은 체인 본부를 중심으로 여러 가지 사업 활동의 공동화를 추진하지만 실질적으로는 한 기업체의 체인 스토어와 같은 효과를 발휘하는 형태이다.

▶ 임의형 연쇄점(Voluntary Chain Store) : 가맹점형 연쇄점의 가장 대표적인 형태로서 도매점이 주체가 되어 소매점을 가맹점으로 모집하여 그룹화한 형태이다. 임의형 연쇄점은 일본에서 먼저 발전한 것으로, 도매점이 주체가 된다는 점에서 소매점 자체가 주체가 되는 협동형 연쇄점과 구별이 되지만 오늘날 그 운영 형태나 기능은 거의 비슷하다. 따라서 임의형 체인은 다수의 소매점이 기업으로서 독립성을 유지하면서 공동의 이익을 달성하기 위해 체인 본부를 중심으로 분업과 협업의 원리에 따라 구성되는 체인 조직이다.

▶ 협동형 연쇄점(Corperative Chain Store) : 소매점 자체가 주체가 되는 연쇄점으로, 규모가 비슷한 소매점의 동업자끼리 공동으로 체인 본부를 설치하는 경우와 대규모 소매점이 체인 본부를 설치하고 비교적 소규모의 소매점이 이에 참여하는 2가지 형태가 있다.

▶ 프랜차이즈 가맹점(Franchise Chain Store) : 프랜차이즈 시스템에 의해 가맹한 점포를 말한다. 프랜차이즈 시스템이란 본부(프랜차이저 Franchisor)가 가맹점(프랜차이지 Franchise)과의 계약에 따라 가맹점에게 자기의 상호 · 상표 등을 사용토록 하고 동일한 성격의 사업을 실행하는 권리를 부여하는 동시에 경영에 관한 지도를 하고 상품, 서비스, 원자재 공급, 노하우 등을 제공해서 그 대가로 가맹점으로부터 가입금 · 보증금 · 정기적인 납입금을 징수하는 제도이다.

3. 슈퍼마켓(Supermarket)

식료품, 일용 잡화, 의료품 따위의 가정용품을 갖추어 놓고 대량 · 염가 · 현금 판매를 원칙으로 저비용·저마진·대량 판매 및 셀프서비스제에 의해 운영되는 상점을 말한다. 우리나라의 경우에는 식료품 및 일용 잡화를 위주로 소비자의 자기 서비스 방식에 의하여 판매하는 영업장으로서 연쇄 사업자와 가맹 계약을 체결한 점포로 정의할 수 있다.

큰 소매점. 대량으로 물건을 사들여서 싼값으로 팔며, 물건을 살 사람이 직접 물건을 고르고 물건값은 계산대(Checkout Coumter)에서 치르게 되어 있다. [비슷한 말] 슈퍼.

슈퍼체인 형태의 SSM(Super Supermarket)은 슈퍼마켓 단위점포의 대형화 · 표준화를 실현하는 판매 점포로 현대사회에서는 체인화전략이 널리 이루어지고 있다. 대형 슈퍼마켓은 최종적인 목표로서 전국적인 체인화를 실현하는데 목표를 두고 있다.

4. 쇼핑센터(Shopping Center & 쇼핑몰(Shopping mall)

소매점들과 1개 이상의 초대형 상점, 은행 및 음식점과 같은 다양한 서비스 시설이 입주한 지붕이 있는 공간으로 쇼핑센터 내에는 백화점이나 대형슈퍼마켓 등이 핵점포로서 포함되며 전문적인 개발자에 의한 계획적 개발, 소유, 관리, 운영되고 있는 대표적인 소매업 - 대개 주차장 시설을 보유하고 있음. [비슷한 말] 쇼핑몰

인터넷을 통한 온라인 판매를 분류하면 크게 소수의 특정 제품을 전문적으로 판매하는 온라인 상점(online store), 경매를 통하여 물건을 판매하는 경매사이트, 그리고 여러 개의 온라인 상점이 모여 매우 많은 종류의 제품을 판매하는 백화점과 같은 곳인 몰(mall)로 분류될 수 있는데, 쇼핑몰이란 결국 인터넷 상에 존재하는 온라인 상점의 거대한 집합체라 할 수 있다.

5. 편의점(便宜店)

고객의 편의를 위하여 24시간 문을 여는 잡화점. 주로 일용 잡화, 식료품 따위를 취급한다. 고객 수요을 창출하기 좋은 입지에 개점하며 장시간 영업을 하며 한정된 수의 품목만을 취급하는 식품점 형태이다.

편의점의 기본 조건으로는 다음과 같다.

① 입지의 편의성

② 시간상의 편의성

③ 상품 구색상의 편의성

④ 우호적인 서비스

⑤ 소인원 관리

6. 전문점(專門店)

특정 범위 내의 상품군을 전문적으로 취급하는 소매점을 말한다. 전문점은 일정한 종류의 상품만을 파는 소매점으로 전문적 품종 갖춤과 전문적 서비스를 고객에게 제공하는 점포라 할 수 있다.

전문점의 특징으로는 다음과 같다.

① 제한된 상품 · 업종에 대해서 다양한 품목을 골고루 깊이 있게 취급한다.

② 우수한 머천다이징능력을 바탕으로 하여 소비자의 욕구에 보다 부응할 수 있는 개성 있는 상품, 차별화된 상품을 취급한다.

③ 고객에 대한 고도의 상담(Consultation)과 서비스를 제공한다. 예로 맞춤구두전문점, 휴대폰케이스전문점, 원두커피전문점 등이 있다.

7. 상점가(Shopping Street)

일정한 지역 또는 범위 안에 있는 도로나 지하도에 50개 이상의 도매점포 · 소매점포 및 용역점포가 밀집해있는 지구를 말한다.

상점가의 의의로는 다음과 같다.

① 상점가를 소매기능의 집적인 소매중심지 또는 중심구매지구로 보는 경우 : 상점가를 이와 같이 이해하는 것은 가장 포괄적이고 일반적인 경우이다. 예컨대 번화가 또는 지하상가 등이 있다.

② 역사적으로 보아 자연발생적으로 형성되어온 비계획적 소매집적과 계획적인 소매접적으로 구분하여 후자는 쇼핑센터(엄밀히는 계획적 쇼핑센터)로 보고, 전자만을 상점가로 보는 경우는 예로 지하상가, 유명상점가, 소매시장 및 쇼핑빌딩 등이 있다.

③ 분명한 조직체를 가진 집단으로서의 상점꾼을 상점가로 보는 견해는 상가진흥조직으로서 조직화된 소매집적만을 상점가로 보는 견해이다.

8. 독립소매점

① 독립소매점은 일반적으로 볼 때 가족 노동력을 위주로 하기 때문에 조직력이 없고 비전문적인 소규모점포이다.

② 식료품 · 잡화 · 의류 등의 편의품을 취급하는 상점이 많고, 우리나라 소매점의 대부분이 이에 해당한다.

③ 대부분은 저렴한 생업적 가족 노동력에 의해 유지되고 있으나, 소비자와 매우 가까이 있어 대면(對面)판매 및 신용판매를 할 수 있으므로 현실적으로 매우 경쟁력이 있다.

④ 우리나라의 독립소매점은 유통 기능이 전문화가 어렵고 대량상품화에 따른 이익을 기대하기 어렵기 때문에, 최종 소비자가격이 높고 상품구색의 질은 저하되어 영세상점의 규모를 탈피하지 못하는 단점이 있다.

> 소규모 소매점 예시
> ① 잡화점(만물상) : 교통이 불편한 지역이나 시골에 다종다양한 상품을 갖추어 놓고 판매하는 소매점으로 주로 촌락에서 볼 수 있다. 해당 지역민의 일상생활에 필요한 상품을 소량으로 판매하는 소매점이기도 하다.
> ② 행상 : 상품을 옮기면서 판매하는 소매업이다.
> ③ 노점상 : 길가의 한데에 물건을 벌여 놓고 판매하는 소매업이다.
> ④ 단위소매점 : 한 종류 또는 같은 계통의 상품을 전문적으로 취급하는 소매점으로 소자본으로 쉽게 개설이 가능하다.

9. 일반 재래시장

농촌지방의 정기시장은 농수산물의 수집과 공업생산품의 분산이라는 두 가지의 기능을 동시에 수행하고 있다. 도시의 상설시장도 소비자에게 상품을 공급할 뿐만 아니라 도매시장으로서의 역할도 수행하여 왔나. 특히 대도시의 대규모 시장은 사실상 도매거래의 거점적 역할을 하고 있다. 최근 주거지 부근에 신설된 대부분의 시장은 일용품 중심의 소매시장으로 발전하였다. 이들은 소비자에게 다양한 상품을 선택 구매할 수 있도록 하고 일괄구매의 편의성을 제공함으로써 외국의 대형소매기구가 갖는 역할을 대신하여 왔다.

◆ 新유통업태의 특징

1. 할인점(DS ; Discount Store)

표준적인 상품을 저가격으로 대량 판매하는 상점을 또한 특정의 제품을 일시적인 가격 인하로 판매하는 것이 아니라 모든 제품에 대하여 상시적으로 싼 가격(EDLP ; Every Day Low Price)으로 파는 소매점을 말한다. 식품과 일용잡화 등 소비재를 중심으로 한 중저가 브랜드 중 유통회전이 빠른 상품을 취급하며, 묶음이나 박스 단위로 판매하는 것이 특징이며 철저한 셀프서비스 하에 저가격으로 대량 판매하는 업태이다. 할인점으로 특성은 다음과 같다.

① 저가격으로 판매한다.

② 저가격의 저품질 상품을 판매하는 것이 아니라 전국상표(NB)에 중점을 둔다.

③ 셀프서비스와 최소시설로써 운영한다.

④ 저지가 지역에 입하여 먼 거리의 고객을 흡수한다.

⑤ 견고하고 기능적인 점포구조를 가진다.

⑥ 가격 경쟁력을 갖추기 위해 다양한 제품군의 자체상표(PB) 상품을 내놓으며 영역을 확대해 나가고 있다.

2. 하이퍼마켓(Hypermarket)

비식품류보다 1차식품을 포함한 식품류의 구비 비중이 높은 대형할인점. “Supermarket + Department Store” 의 형태이다. 일반적으로 대도시 근교에 설립되며, 국제셀프버시스협회에 의하면 식품 및 비식품을 풍부하게 취급하며 대규모의 주차장 등과 같은 특징이 있는 매장면적 2,500㎡ 이상의 소매점포로 정의된다. 좀 더 쉽게 설명하면 과일 · 채소 · 육류 · 어패류 등 1차식품을 포함한 식료품에서 의류 · 가전제품 · 가구 · 잡화 등 각종 공산품까지 수만 가지에 이르는 상품을 할인된 가격으로 판매한다. 또, 일상생활과 밀접한 관련을 가진 식품류와 공산품의 원스톱쇼핑(일괄구매)을 제공하고, 셀프서비스 방식과 시중가보다 저렴한 가격정책을 시행한다. 슈퍼마켓보다 훨씬 규모가 큰 데다 가격이 저렴하고, 구비 품목 역시 방대하여 하이퍼마켓(hypermarket)이라는 명칭이 붙었다. 대표적인 예로 월마트, 코스트코, 까르푸 / 이마트, 롯데마트 등으로 대량 판매하는 업태로 분류된다.

3. 대중 양판점(GMS ; General Merchandise Store)

다품종 대량판매를 목적으로 다점포화를 추진함으로써 대출증대를 꾀하는 업태로, 중저가의 일상 생활용품을 주로 취급하며 초고가상품은 취급하지 않는다. 백화점보다 낮은 가격대의 자체상표(PB)를 가지며 체인을 통한 다점포화를 추구한다. 특성으로는 다음과 같다.

① 슈퍼마켓이 성장하여 대형화된 것으로서 백화점과 슈퍼마켓의 중간에 위치하며 상품 구색이나 서비스는 백화점에 가깝다.

② 20% 정도 할인 된 셀프서비스 방식의 판매를 하고 있다.

③ 상품구색은 식료품, 의료품, 잡화 등 모든 것을 취급한다.

④ 중급품 · 대중품의 일괄구매의 장을 제공하며 품목 수는 수십만 점 이상이다.

⑤ 매장면적은 3,000평(2,000 ~ 5,000평) 정도이며 전체적으로는 지방

백화점과 비슷하다.

⑥ GMS의 업태가 변화하고 있는데 한국과 일본에서 운영에 어려움을 겪던 GMS는 캐주얼백화점으로의 전화, 슈퍼마켓으로의 변신, 패션 전문점으로 업태변화, 생활백화점으로 변신, 할인점으로 전환 등 급속한 변환을 보이고 있다.

4. 전문할인점(Speciality Discount Store)

신업태의 하나로 고객에게 제공하자 하는 상품이나 서비스를 전문화한 소매기관을 의미한다. 특정상품계열에 대하여 매우 깊이 있는 상품구색을 갖추어 고객에게 최대한 선택의 기회를 제공한다. 즉, 취급하는 특정상품계열에 대하여 다양한 상표, 크기, 스타일, 모델, 색상 등을 갖추고 고객의 취향에 맞는 상품을 선택하도록 하는 점포이다. 전문할인점은 1970년대 미국에서 등장하였으며 1980년대 후반과 1990년대 초반에 급격하게 성장한 업태이다. 주로 완구류, 의류, 가전, 문구, 홈데포와 같은 홈센터를 중심으로 발전해왔다. 전문할인점의 유형으로는 카테고리킬러(Category Killer), 홈센터(Home Center)가 있다.

① 카테고리킬러(Category Killer)는 백화점이나 슈퍼마켓 등과 달리 상품 분야별로 전문매장을 특화해 상품을 판매하는 소매점으로 하이마트, 전자랜드 등이 있다. 주요 특징으로는 체인화를 통한 현금 매입과 대량 매입, 목표 고객을 통한 차별화된 서비스 제공, 체계적인 고객 관리, 셀프 서비스와 낮은 가격 등을 들 수 있다.

[사진 : 카테고리킬러 형태의 전자상가 판매]

② 홈센터(Home Center)는 소득수준의 향상과 근로시간의 감소에 따른 레저활동에 대한 관심의 고조, 주택보급률의 증가가 주요 배경이 되면서 출현하게 되는 주거생활과 연계된 상품을 취급한다. 주택 인테리어와 연관된 상품이 해당되며 건축자재, 가정용품 등 원스톱 쇼핑의 개념으로 운영한다. 미국에서는 1960년대에 도입이 되어 성장기를 맞이하고 있다.

5. 회원제 도매클럽(MWC ; Membership Wholesale Club)

창고형 도소매클럽(Membership Warehouse Club) 이라고도 하며, 회원으로 가입한 고객만을 대상으로 판매하는 업태이다. 매장은 거대한 창고형으로 꾸며지고 실내장식은 보잘 것 없으며 진열대에 상자채로 진열되어 박스단위로 판매함으로써 할인점보다도 20~30% 정도 더 저렴하게 구매할 수 있는 업태이다. 특성으로는 다음과 같다.

① 회원제로 운영하기에 정기적이고 안정적인 고객층을 확보하고 회비를 통해서 마진 감소가 가능하다.

② 저경비 운영을 통한 저렴한 가격 정책을 장점으로 낮은 판매마진율이나 현금판매와 함께 회원들로부터 정기적인 회비를 통한 자금운용이 가능하다.

③ 상품구색이 다양하며 제품품목 수가 2,800~4,000개 정도의 한정된 품목이나 소비자들로부터 상표충성도가 높지 않은 일용품들이므로 대표적인 품종 구색만으로도 소비자를 만족시킨다. 제품의 보존성과 소모성이 높고 비교적 단가가 낮은 일용품이 중심이 되는데 의류 비중이 낮고 상대적으로 식료품 비중이 30~40% 높다.

6. 무점포소매점

무점포 소매란 도심 또는 부도심 어디든지 입지에 형성되지 않은 형태로 점포없이 수행하는 유통 판매 시스템을 말한다. 현대사회에서 무점포소매방식(Non-store Retailing)이 마케팅의 중요한 분야로 자리 잡고 있다.

통신판매	• 인터넷 쇼핑 • 텔레마케팅 • 기타 매체 활용 판매	• TV 홈쇼핑 • 카탈로그 판매
방문판매	• 호별 방문 판매 • 파티 판매	• 조직화 판매 • 네트워크화

7. 슈퍼센터

대형할인점에 슈퍼마켓을 도입한 점포로, 기존의 할인점보다 더 깊고 넓은 상품구색을 갖추고 있다. 식료품과 비식료품 등 생활필수품에서 광범위한 상품구색가지 보유하고 있으며, 미용 · 의료 · 세탁 · 구두수선 · 수표교환 · 간단한 식사장소 제공 등의 부수적인 서비스도 함께 제공하고 있다.

8. 아울렛

당초에 제조업사의 직영점으로 출발해 공장 근처에서 과잉생산품을 염가에 판매하는 소매점이었으나, 최근에는 타 메이커의 상품이나 타 소매점에서 팔고 남은 물건도 할인 판매하는 점포를 의미한다. 아울렛의 특징으로는 취급상품은 팔고 남은 것이 대부분이므로 구색도 충분치 않고 입지조건도 유리한 편은 아니나, 저가격의 장점으로 많은 고객이 몰리고 있으며 불리한 입지를 택한 것은 입주 점포의 제조업자가 자사의 기존 소매망과의 경합을 회피하려는 목적 때문이다.

9. 파워 센터

종래의 백화적ㅁ이나 양판점과는 달리 할인점이나 카테고리킬러 등 저가를 무기로 하여 강한 집객력을 가진 염가점들을 한 곳에 종합해놓은 초대형 소매센터를 의미한다. 파워 센터의 특징으로는 다음과 같다.

① 광대한 부지 : 11,000평 이상에서 20,000평가지의 초대형 규모

② 대형 주차장 확보 운영

③ 각 매장이 독립적인 점포 운영

10. 테마파크(Thema Park)

일관된 특정 테마(대부분이 즐거움을 추구)를 바탕으로 시설 및 운영이 통일되어 이루어지는 유원시설이라고 할 수 있다. 00랜드, 00마을, 00촌(村) 등이 있다. 성공요인으로는 어느 곳에도 존재하지 않는 즐거움을 불러일으키는 테마의 매력이라고 할 수 있다. 예를 들어 유원 시설 내부에는 외부와 전혀 다른 시설의 자체 매력으로 소비자의 구매력을 유인하도록 하고 있다. 또한 백화점과 다른 점은 반복고객(Repeater)을 Target Marketing으로 하는데 반해, 테마파크는 관광객 등의 방문객을 Target Marketing으로 한다.

제3장 판매원 자세

18. 판매의 개념과 자세
19. 판매원의 매장 내에서의 역할
20. 판매원의 접객용어와 사용법

18 판매의 개념과 자세

1. 판매는 상품을 파는 일체의 것이다. 그래서 판매는 고객과의 접점에서 우호적 행동을 통한 상품을 파는 일체의 행위를 말한다. 미국 마케팅협회의 정의는 잠재고객이 상품이나 서비스를 구매하도록 하거나, 판매자에게 상업적 의미를 갖는 아이디어에 대하여 우호적 행동을 하도록 설득하는 인적 또는 비인적 과정이다. 고객지향적 관점에서의 판매 정의는 판매자 측과 소비자들이 만족할 수 있도록 잠재고객의 요구와 욕구를 발견하여 활성화시키고, 그것을 효과적으로 충족시키도록 도와주는 활동 또는 기술을 말한다.

2. 판매의 중요한 제1원칙은 고객접점이다. 고객접점관리는 판매 기술에서 성과를 나타날 수 있는 가장 중요한 시기를 뜻하는데 이것을 MOT(Moment of Truth) 고객접점관리라고 한다. 고객접점관리는 CRM 즉 고객관계관리 내용을 참조하고 본 장에서는 판매에 관한 내용을 위주로 설명하겠다.

3. 판매원의 자세(갖추어야 할 요건 - 외형적 자세)

① 지식(Knowledge) : 첫째, 유통산업에 종사하는 판매담당자는 지역 내에서 판매활동에 필요한 전반적인 시장지식을 자세히 파악하고 있어야 한다. 둘째, 판매사원은 우선 상품 자체와 관련된 지식을 습득하여야 한다. 경쟁상품과 비교하여 자기점포에서 취급하는 상품이 고객에게 구체적으로 어떠한 차별적인 가치나 효용 혹은 혜택을 제공하는지를 쉽게

설명할 수 있어야 한다. 셋째, 회사를 대표해서 고객과 상담하는 역할을 수행하기에 회사지식과 업무지식을 갖추어야 한다.

② 태도(Attitude) : 복장, 인사예절, 대화예절, 안내예절, 자세, 미소 등의 외형적 태도를 소비자의 입장에서 친절하게 갖추어야 한다. 특히 대화예절은 MOT 관점에서 판매를 결정짓는 순간이므로 매우 중요하다.

대화예절	• 밝은 표정, 밝은 음성, 밝은 마음 • 대화의 3요소 : 말씨는 알기 쉽게, 내용은 분명하게, 태도는 공손하게 • 말하는 자세와 듣는 자세를 예의바르게 친절과 경청의 자세로 실행
말하는 자세	▪ 상대방의 인격을 존중하고, 배려하면서 공손한 말씨로 예의 바르게 말한다. ▪ 지나치게 큰소리가 아닌, 나직하고, 정확하며 간결하게 자기의사를 말한다. ▪ 항상 적극적이고 자신에 찬 어조로 말한다. ▪ 외국어나 어려운 전문용어 등은 가급적 삼가고 알기 쉬운 말을 쓴다.
듣는 자세	▪ 선입관을 버리고 상대의 입장에서 듣는다. ▪ 상대방의 얼굴을 보며 목적과 관심을 가지고 귀를 기울인다. ▪ 남의 말을 가로막지 않는다. ▪ 팔짱을 끼거나 다리를 꼬는 등 이상한 행동을 하지 않는다. ▪ 대화 중에 주위를 힐끗힐끗 바라보는 행동은 가급적 삼간다.

③ 기술(Skill) : 고객들이 특정의 아이디어를 받아들이도록 하는 설득 능력으로서 가능고객을 발견하는 법, 설득하여 상담을 체결하는 법, 가능고객을 관리하는 법 등을 의미한다. 가능고객을 발견하도록 노력해야 하며 고객에게 부담을 주지 않는 범위 내에서 접근기술을 이용하여 상담을 체결하도록 노력해야 한다.

④ 습관화(Habit) : 판매는 실천력을 요구하므로 계획적인 실행력과 세운

목표를 달성하기 위해 강력한 추진력이 필요하다. 이러한 실행력을 갖추기 위해서는 이론무장, 정신무장, 기술무장의 행동화가 전제로 갖추고 있어야 한다. 이런 기술들이 습관화가 되어 있어야 판매기술이 증대될 것이다. 판매담당자는 항상 배우고 창조하며 봉사하는 마음가짐으로 이론 · 정신 · 기술면에서 평소에 철저한 무장을 하되 이를 몸에 배도록 행동화하는 일이 중요하다. 판매담당자는 혁신적이고 창의적이어야 한다.

판매원의 바른 자세	• 허리와 가슴을 펴서 일직선이 되게 한다. • 표정을 밝게 하고 시선은 상대방의 인중을 바라본다. • 여성은 오른손을 위로, 남성은 왼손을 위로 가게 한다. • 발꿈치는 붙이고 앞발은 30°정도 벌린다. • 등의 중심선이 좌우 어느 쪽으로도 기울어지지 않도록 몸의 균형을 유지한다. • 손에 물건을 들었을 때에는 자연스럽게 몸의 중심을 잡고 서도록 한다.
인사예절	• 정성과 감사하는 마음 • 예절바르고 정중한 자세 • 밝고 상냥한 자세 • 진실된 마음으로 실행
안내예절	• 매장 내 방향안내는 고객의 입장에서 알기 쉽도록 안내 • 방향 안내 시에는 엄지손가락을 검지에 가볍게 대고 손바닥을 위로하여 가볍게 인사를 하면서 가리킨다. • 점내를 안내하는 경우 구체적인 층수와 방향, 사용법을 안내한다.
판매사원의 미소	• 미소를 띄우면서 대화하면 인상이 좋게 보인다. • 미소는 상대방을 즐겁고 유쾌하게 만드는 힘이 있다. • 미소 짓는 얼굴은 상대의 화난 감정을 누그러뜨릴 수 있다. • 미소는 부족한 표정을 극복할 수 있으며 거부감을 덜 갖게 만든다. • 미소는 자신감 있는 사람으로 보이게 한다. • 미소는 사람의 가슴을 뚫고 들어가 마음을 움직이게 한다.

19 판매원의 매장 내에서의 역할

판매원의 매장 내에서의 역할은 매우 중요하다. 판매원의 행동과 역할에 따라 기업의 이미지뿐만 아니라 제품의 판매량 및 서비스 제공등의 판매 촉진 활동에 큰 영향을 주기 때문이다. 판매원의 매장 내에서의 역할은 다음과 같다.

1. 정보 전달자의 역할 : 회사에게는 고객의 소리를 전달하여 경쟁력이 높은 제품이나 서비스의 개발 및 제공에 필요한 피드백 활동을 수행한다. 고객에게는 더 높은 만족이 실현될 수 있도록 하기 위한 각종 제품 및 서비스에 대한 정보와 회사의 촉진전략이나 프로세스 및 제도 등에 대한 정보전달의 역할을 수행한다.
2. 수요 창출자의 역할 : 고객의 잠재적 욕구를 발견하고 설득행위를 통해 잠재고객의 수요를 창출하여 판매를 성사시키고 판매과정에서 높은 만족을 제공함으로써 지속적인 교환관계가 유지되도록 하는 역할을 한다.
3. 상담자의 역할 : 판매담당자는 상품이나 서비스와 관련한 지식뿐만 아니라 사회전반에 관련된 다양한 정보 및 서비스와 관련한 지식뿐만 아니라 사회전반에 관련된 다양한 정보 및 해박한 지식을 가지고 있어야 하며 이에 따른 상담능력도 겸비하어야 하며, 이를 바탕으로 고객이 인식하고 있는 문제들을 고객의 입장에 서서 해결해 준다는 마음가짐이 필요하다.
4. 서비스 제공자의 역할 : 제품의 기능과 관련된 A/S 등의 부수적인 서비스와 배려 등의 인간적인 서비스를 통해 고개의 총체적인 욕구를 충족시켜줘야 하는 역할을 해야 한다.

20 판매원의 접객용어와 사용법

소비자에게 있어 MOT(결정적 순간)은 제품 또는 서비스를 제공하는 조직과 어떤 형태로 접촉하든 발생하는데 이런 결정적 순간들이 모여 소비자는 품질에 대한 만족도와 기업에 대한 이미지를 평가하게 되는 것입니다.[15] 따라서 판매를 위한 용어 사용이나 행동은 판매에 직접적인 영향을 주기 때문에 접객순간에 예를 갖추어 사용 및 행동해야 한다.

1. 판매 3대 용어

① 어서 오십시오.

② 고맙습니다.

③ 안녕히 가십시오(또 들려주십시오).

2. 판매 8대 용어

① 어서 오십시오.

② 네, 잘 알겠습니다.

③ 잠시만 기다려주시겠습니까?

④ 기다려 주셔서 감사합니다.

⑤ 고맙습니다(감사합니다).

⑥ 대단히 죄송합니다.

⑦ 안녕히 가십시오.

⑧ 즐거운 쇼핑되시기 바랍니다.

---

15) [출처] 고객 응대 서비스, MOT 사이클 알아보기, 작성자 대표 신수연

제4장 기업윤리

21. 기업윤리의 정의
22. 기업윤리 필요성
23. 자기이익 모델과 사회이익 모델
24. 기업윤리에서 추구하는 가치이념
25. 유통과 기업윤리
26. 기업윤리의 상관관계와 환경변화

21 기업윤리의 정의

윤리(倫理)란 “사람으로서 마땅히 행하거나 지켜야 할 도리 또는 인간 행위의 규범에 관하여 연구하는 학문. 도덕의 본질·기원·발달, 선악의 기준 및 인간 생활과의 관계 따위를 다룬다.”는 사전적 의미가 있다.

이에 기업에서의 윤리는 사람과 기업의 혼연일체 된 조직적 윤리의 의미로 접근해야 한다. 자신의 역할을 성실하게 만족감을 느끼면서 수행할 때 드디어 인간은 자신이 갖고 있는 능력을 발휘함으로써 집단이나 조직 또는 사회생활에서 자신이 어떠한 위치에 부합되는 존재감과 성취감을 동시에 느끼게 된다.[16]

관점	정의	고려해야 할 점
도덕적 측면	선, 악을 구분하는 원칙을 정하고 그 원칙을 적용하는 기법	선의 기준은 개인의 가치관에 따라서 다를 수 있다.
기업적 측면	합법적인 범위 내에서 기업에 가장 유리한 방향으로 처리하도록 하는 기업의 의사결정방법	• 기업이익을 단기적으로 생각한다. • 결과만 옳으면 과정은 중요시하지 않는다. • 합법적이지만 비윤리적일수도 있다.
개인적 측면	기업 활동관련 의사결정을 개인의 가치관을 기준으로 하는 방법	• 조직 내의 개인은 진공 속의 개인이 될 수는 없다. • 개개인의 가치관에 따라서 경영 문제를 자의대로 결정해서는 안 된다.
종합적 측면	개인의 가치관을 기업 활동의 목표에 적용시키는 원리 또는 기술	• 자기이익 모델에 의한 판단 부적합 • 사회이익 모델에 입각한 의사결정
책임	의사결정자는 전통적 형태의 경로에 감정적으로 책임	의사결정자는 마케팅개념과 생존력 있는 기관에 분석적으로 책임

16) [출처] 리더십과 직장예절(직업의 이해), 2022, 이태안 저

22 기업윤리 필요성

따라서 기업윤리는 기업이 생존하기 위한 필수적 요소이며 기업이 지속가능한 사회적 위치를 구현하기에 없어서는 안 될 필수불가결한 책임이라고 정의할 수 있다.

1. 다음은 기업윤리가 왜 필요한지에 대한 6가지 내용이다.
① 자유시장 경쟁체제를 유지하려면 기업윤리가 필요하다.
② 기업 활동의 결과는 사회에 막대한 영향을 끼친다.
③ 기업윤리 문제를 잘못 다루면 기업 활동에 큰 영향을 미친다.
④ 회사를 위해서 결정을 해도 책임은 개인이 진다.
⑤ 비윤리적 행위는 기업에 손해가 된다.
⑥ 기업윤리는 경쟁력을 강화한다.

2. 다음은 기업의 치명적 과오 7가지에 대한 내용이다.
① 중대한 사회적 문제를 묵살한다.
② 비난을 남에게 전가한다.
③ 외부의 비판자를 비난한다.
④ 문제를 일으킨 종업원을 해고한다.
⑤ 윤리에 관한 정보를 덮어둔다.
⑥ 홍보진을 이용하여 반박한다.
⑦ 비난을 부인한다.

23 자기이익 모델과 사회이익 모델

기업윤리의 접근은 ① 도덕적 측면 ② 기업적 측면 ③ 개인적 측면 ④ 종합적 측면이 있다. 결론적으로 기업윤리란 "기업활동에 관련되면서도 도덕적으로 복잡하게 상충되는 문제들을 검토하고 해결하기 위하여 윤리적 원칙을 적용하는 원리"이다. 즉, 기업윤리는 기업활동에 있어서 "무엇이 옳고 그른지, 무엇이 좋은 일이고 무엇이 나쁜 일인지"를 따져서 '윤리적 해결방안'을 모색한다.

구분	정의	고려해야 할 점
도덕적	선(善)과 악(惡)을 구분하는 원칙 적용	선(善)의 기준은 개인 가치관에 따라 상이함
기업적	합법적인 상황인지에 대한 여부	▪ 기업이익의 중, 단기 적용 ▪ 과정과 결과의 판단 ▪ 합법적이나 비윤리적
개인적	기업 활동과 개인의 가치관 기준	▪ 조직 내의 개인의 상황과 판단 ▪ 개개인의 가치관에과 경영문제를 자의적으로 결정
종합적	개인의 가치관을 기업 활동 목표에 적용	▪ 자기이익 모델에 의한 판단 부적합 ▪ 사회이익 모델에 입각한 의사결정

구분	자기이익 모델	사회이익 모델
목적	이익의 극대화	가치의 창조
시간영역	단기적	장기적
행동준칙	법규와 업계의 관행대로	봉사에 대한 적절한 보수 기대
기본가정	기업의 자기이익추가, 최대다수에게 최대이익	사회가 필요로 하는 가치의 제공
수단	가급적 능률적 방법	지속되는 관계유지

24 기업윤리에서 추구하는 가치이념

기업윤리의 관계영역은 ① 경쟁관계는 공정해야 한다. ② 고객에게는 성실해야 한다. ③ 투자는 공평해야 한다. ④ 종업원에게는 인간의 존엄성을 존중해 주어야 한다. ⑤ 지역 사회에서는 기업시민으로서의 역할을 해야 한다. ⑥ 정부와는 엄정한 관계를 유지해야 한다. ⑦ 국제관계는 공정하게 거래해야 한다. ⑧ 지구환경문제에서는 공생관계를 모색해야 한다.

이해관계자	추구하는 가치이념	기업윤리에서 추구하는 가치이념과 문제들
경쟁자	공정한 경쟁	불공정 경쟁(카르텔, 담합), 거래선 제한, 거래선 차별, 덤핑, 지적재산 침해, 기업비밀 침해, 뇌물 등
고객	성실 · 신의	유해상품, 결합상품, 허위/과대광고, 정보음폐, 가짜상표, 허위/과대 효능/성분 표시 등
투자자	공평 · 형평	내부자거래, 인위적 시장조작, 시세조작, 이전거래, 분석결산, 기업지배행위 등
종업원	인간의 존엄성	고용차별(국정, 인종, 성별, 장애자 등), 성차별, 프라이버시 침해, 작업장의 안정성, 단결권 등
지역사회	기업시민	산업재해(화재, 유해물질 침출), 산업공해(소음, 매연, 전파), 산업폐기물 불법처리, 공장 폐쇄 등
정부	엄정한 책무	탈세, 뇌물, 부정 정치헌금, 보고의무 위반, 허위보고, 검사방해 등
외국정부, 기업	공정한 협조	탈세, 돈 세탁, 뇌물, 덤핑, 정치개입, 문화파괴, 법규 악용(유해물 수출, 공해방지시설 미비) 등
지구환경	공생관계 모색	환경오염, 자연파괴, 산업폐기물 수출입, 지구환경관련 규정 위반 등

25 유통과 기업윤리

1. 유통의 윤리문제

유통에서의 윤리는 생산자 → 도매업 → 소매업 → 최종소비자로 흐르는 유통과정에서 윤리적 행위가 발생하는데 이때 가장 힘이 크고 지배적인 역할을 하는 기관을 '경로주장(Channel Captain)'이라고 한다.

이런 예는 경로주장의 윤리문제가 대부분 '우월적 지위의 남용'의 형식으로 나타나는데 이는 생산자로부터 최종소비자에 이르기까지 계약부터 물품 공급, 가격형성 및 물류 이동에 이르기까지 제반 분야에서 각각의 유통과정 단계별 기득권이 곧 이윤과 직결되기 때문이다. 이러한 과정을 공정하게 거래하기 위해 공정거래에 관한 법률로 질서를 유지하는데 그럼에도 도매, 소매단계에서의 유통윤리가 잔존하고 있다.

이런 경우가 경로주장이 자기의 힘(즉, 유통경로 지배력)을 남용하는데서 나오는데 즉, 유통경로의 윤리문제는 대부분이 유통경로상의 '힘 > 책임' 관계에서 나타나며, 이 경우 생기는 경로주장의 윤리문제는 대부분이 '우월적 지위의 남용'의 형식이 나타난다.

2. 도매의 윤리

최근 각종 체인(연쇄점)이나 프랜차이징(Franchising)의 발달에 따라서 이러한 체인본부와 가맹소매점 또는 단위 편의점과의 관계에서 윤리적 문제가 발생한다. 체인본부는 직영점 이외에도 수많은 가맹점과 계약에 의해서 상품을 공급하고 자본력과 조직력, 경영능력을 가지고 가맹소매점에 계약에 의한 상품을 선정하고 공급하는데 이때 체인본부는 '경로주장'이 있기 때문에 윤리적 문제를 일으킬 수가 있다.

3. 소매의 윤리

소매점의 규모가 커감에 따라서 상품유통에서 차지하는 영향력이 커지거나 소매점의 다양화 및 대형화로 진화하고 있기 때문에 상품유통에서 차지하는 영향력이 커지고 백화점 등의 대형소매점이 '경로주장'이 되는 경우가 많아지고 있다. 특히 의류 및 중소기업의 제품일 경우 대형소매점의 '경로주장'으로 인력, 판매방식, 가격결정, 촉진 등의 영향에 따른 비윤리적 행위를 직접적으로 받아들일 수밖에 없는 현상이 나타날 수 있다.

① 상품을 선정하고 구입하기 위하여 납품업자와 구매계약을 하는데 여러 가지 비윤리적인 일이 발생한다.

② 매장면적의 배정에 있어서 비윤리적 행위가 있을 수 있다.

③ 소매점의 세일가격광고는 자주 윤리적 문제를 일으킨다.

4. 판매원의 윤리문제가 어려운 이유

① 일반적으로 판매원은 현지에서 혼자 판매활동을 하고 문제가 생기면 상사에게 상의할 수가 없고 현장에서 즉시 해결해야 한다.

② 판매목표의 달성 여하가 판매원의 수입과 승진에 직결되므로 판매 할당량이 문제될 수 있다.

③ 흔히 장기간 현지에서 판매여행을 하므로 비용 중에 자칫하면 공직 비용과 사적비용이 혼돈되기 쉽다. 또 거래처 회사의 구매담당직원과 좋은 관계를 유지하기 위하여 문제가 발생하기도 한다.

26 기업윤리의 상관관계와 환경변화

1. 기업윤리와 기업이익의 관계

① 이익도 올리지 못하고 윤리수준도 낮은 기업은 사회에 해만 기치므로 존재할 필요가 없다.

② 윤리는 등한시하면서 기업이 단기적 이익만 중요시하는 기업은 바람직하지 못하다.

③ 윤리는 강조하되 기업의 이익을 등한시하는 기업은 기업으로서 존속할 수가 없다.

④ 기업의 이익과 윤리수준을 잘 조화시킨 회사가 사회적으로 존경받고 가장 바람직한 회사이다.

2. 기업윤리 관련 국내 환경의 변화

① 기업의 영업 관행과 사회적 가치관의 차이 확대

② 기업에 대한 사회적 신뢰의 위기

③ 뇌물방지법의 영향

④ 기업지배구조에 대한 인식변화

⑤ '삶의 질' 중시

⑥ 비윤리적 행위로 인한 손실

⑦ 여론과 시민단체의 영향력 증대

⑧ 기업의 각성

⑨ 기업의 사회적 책무

⑩ 기업과 소비자 간의 상생

제5장 유통법규

27. 유통산업발전법(流通産業發展法)
28. 소비자기본법(消費者基本法)
29. 청소년보호법(青少年保護法)

27 유통산업발전법(流通産業發展法)

1. 유통산업의 효율적인 진흥과 균형있는 발전을 꾀하고, 건전한 상거래질서를 세움으로써 소비자를 보호하고 국민경제의 발전에 이바지함을 목적으로 한다. (2012. 9. 2, 법률 제11461호)

2. 매장 면적의 합계가 3000㎡ 이상인 대규모 점포를 개설하려는 자는 시장·군수·구청장에게 등록해야 한다. 대규모 점포를 개설·등록할 때에는 담배사업법에 의한 소매인 지정 등 다른 여러 법규에 규정된 허가·신고·지정·등록 등을 받은 것으로 의제(擬制)한다. 임시시장은 해당 소재지 관할 시·군·구의 조례에 따라 개설해야 한다.

3. 유통산업시책의 기본방향

① 유통구조의 선진화 및 유통기능의 효율화 촉진
② 유통산업에 있어서 소비자 편익의 증진
③ 유통산업의 지역별 균형발전의 도모
④ 유통산업의 종류별 균형발전의 도모
⑤ 중소유통기업의 구조개선 및 경쟁력의 강화
⑥ 유통산업의 국제경쟁력 제고

4. 유통산업 발전계획

산업통산자원부장관은 유통산업의 발전을 위하여 5년마다 유통산업발전기본계획을 관계중앙행정기관의 장과의 협의를 거쳐 세우고 시행하여야 한다. 이

때 기본계획에 포함할 사항으로는 유통산업 발전의 기본방향, 국내외 여건변화 전망, 현황과 평가, 지역별 · 종류별 발전방향, 산업별 · 지역별 유통기능의 효율화 · 고도화 방안, 유통전문인력 · 부지 및 시설 등의 수급변화에 대한 전망, 중소유통기업의 구조개선 및 경쟁력 강화 방안, 대규모점포와 중소유통기업 및 중소제조업체 사이의 건전한 상거래질서의 유지 방안, 그 밖에 유통산업의 규제완화 및 제도개선 등 유통산업의 발전을 촉진하기 위하여 필요한 사항 등이다.

5. 유통산업의 경쟁력 강화

 산업통산자원부장관은 유통산업의 경쟁력 강화를 위하여 체인사업의 발전시책, 무점포판매업의 발전시책, 그 밖에 유통산업의 분야별 경쟁력 강화를 위하여 필요한 시책 등을 기본발전에 포함 및 운영하여야 하며 체인사업자의 직영이나 체인에 가입되어 있는 점포(체인점포)의 경영을 개선하기 위해 추진해야 하며 우수체인사업자의 지정 등을 통해 중소기업청장은 중소유통기업에 해당하는 체인사업자로서 우수체인사업자를 선정하여 산업통상자원부장관 및 지방자치단체의 장에게 지체없이 알려야 한다.

6. 상거래실서 확립

 유통에 관한 분쟁을 조정하기 위하여 시사제는 유동분쟁조징위원회를 두고 운영하여야 하며 유통단계에 있는 각 기관에서는 분쟁의 조정을 원할 시에 지자체에 신청할 수 있고 지자체는 위원회를 구성 및 조정신정늘 받은 날로부터 30일 이내에 심사하여 조정안을 작성하여야 한다.

28 소비자기본법(消費者基本法)

1. 소비자의 권익을 증진하기 위하여 소비자의 권리와 책무, 국가·지방자치단체 및 사업자의 책무, 소비자단체의 역할 및 자유시장경제에서 소비자와 사업자 사이의 관계를 규정함과 아울러 소비자정책의 종합적 추진을 위한 기본적인 사항을 규정한 법률(전부개정 2006. 9. 27. 법률 제7988호)

2. 소비자기본법은 종래 소비자보호 위주의 소비자정책에서 탈피하여 중장기 소비자정책의 수립, 소비자안전 교육의 강화 등으로 소비자권익을 증진함으로써 소비자의 주권을 강화하고, 시장 환경 변화에 맞게 한국소비자원의 관할 및 소비자정책에 대한 집행기능을 공정거래위원회로 이관하도록 하며, 소비자피해를 신속하고 효율적으로 구제하기 위하여 일괄적 집단분쟁조정 및 단체소송을 도입하여 소비자피해구제제도를 강화하였다.

3. 소비자의 기본적 권리

① 물품 또는 용역으로 인한 생명 · 신체 또는 재산에 대한 위해로부터 보호받을 권리

② 물품 등을 선택함에 있어서 필요한 지식 및 정보를 제공받을 권리

③ 물품 등을 사용함에 있어서 거래상대방 · 구입장소 · 가격 및 거래조건 등을 자유로이 선택할 권리

④ 소비생활에 영향을 주는 국가 및 지방자치단체의 정책과 사업자의 사업활동 등에 대하여 의견을 반영시킬 권리

⑤ 물품 등의 사용으로 인하여 입은 피해에 대하여 신속 · 공정한 절차에 따라 적절한 보상을 받을 권리
⑥ 합리적인 소비생활을 위하여 필요한 교육을 받을 권리
⑦ 소비자 스스로의 권익을 증진하기 위하여 단체를 조직하고 이를 통하여 활동할 수 있는 권리
⑧ 안전하고 쾌적한 소비생활 환경에서 소비할 권리

4. 소비자단체의 업무
① 국가 및 지방자치단체의 소비자의 권익과 관련된 시책에 대한 건의
② 물품 등의 규격 · 품질 · 안전성 · 환경성에 관한 시험 · 검사 및 가격 등을 포함한 거래조건이나 거래방법에 관한 조사 · 분석
③ 소비자문제에 관한 조사 · 연구
④ 소비자의 교육, 소비자의 불만 및 피해를 처리하기 위한 상담 · 정보제공 및 당사자 사이의 합의 권고

5. 소비자분쟁의 해결
① 사업자의 불만처리는 소비자상담기구의 설치 · 운영(제53조 제1항), 소비자상담기구의 설치 권장(제54조 제1항)을 통한 지자체 지원으로 처리를 한다.
② 한국소비자원의 피해구제 내용으로는 피해구제의 신청 등(제55조), 위법사실의 통보 등(제56조), 합의권고(제56조), 처리기간(제56조), 피해구제절차의 중지(제56조) 등을 통해 해결한다.

29 청소년보호법(青少年保護法)

1. 청소년에게 유해한 매체물과 약물 등이 청소년에게 유통되는 것과 청소년이 유해한 업소에 출입하는 것 등을 규제하고, 폭력·학대 등 청소년유해행위를 포함한 각종 유해한 환경으로부터 청소년을 보호·구제함으로써 청소년이 건전한 인격체로 성장할 수 있도록 함을 목적으로 하는 법률이다(1997. 3. 7, 법률 제5297호). 이 법에서 '청소년'이라 함은 19세 미만의 자를 말한다.

2. 청소년 유해매체물

청소년보호위원회가 청소년에게 유해한 것으로 결정하거나 확인하여 여성가족부장관이 고시한 매체물, 각 심의기관이 청소년에게 유해한 것으로 심의하거나 확인하여 여성가족부장관이 고시한 매체물을 뜻한다.

3. 청소년 유해약물

① '주세법'에 따른 주류

② '담배사업법'에 다른 담배

③ '마약류 관리에 관한 법률'에 따른 마약류

④ '유해화학물질 관리법'에 다른 환각물질

⑤ 그 밖에 중추신경에 작용하여 습관성, 중독성, 내성 등을 유발하여 인체에 유해하게 작용할 수 있는 약물 등 청소년의 사용을 제한하지 아니하면 청소년의 심신을 심각하게 손상시킬 우려가 있는 약물로써 대통령령으로 정하는 기준에 따라 관계 기관의 의견을 들어 청소년보호위원회가 결정하고 여성가족부장관이 고시한 것

Ⅱ 판매 및 고객관리

6. 상품관리
7. 매장관리
8. 판매관리
9. 고객관리

제6장 상품관리

30 상품의 이해

상품이란 물리적인 특색, 서비스의 특색, 상징적인 특색을 종합한 것으로 구매자에게 만족 및 편익을 제공해 주는 것이라고 코틀러(P.Kotler)[17]가 말한다.

1. 상품의 구조

① 물리적 조립품으로서 물리적 상품(제1의 구조)

② 시장성을 배려한 시장적 상품(제2의 구조)

③ 구매장의 필요 · 욕구를 충족시키는 효용으로서의 상품(제3의 구조)

④ 제3자의 효용을 배려한 사회적 상품(제4의 구조)

2. 상품의 적성

① 적합성 : 소비자의 필요와 욕구에 적합하게 하기 위해서는 1, 2차적 효용을 제공할 수 있는 품질을 갖추어야 한다.

② 내구성 : 생산에서 소비되기까지 상품의 가치가 변하지 않아야 한다.

③ 운반성 : 생산된 장소에서 소비되는 장소까지 안전하며, 경제적 운반이 가능해야 한다.

---

17) 필립 코틀러(Philip Kotler)는 노스웨스턴 대학 켈로그 경영대학원 석좌교수. '마케팅의 아버지'라 불리는 마케팅의 대가이자 세계적인 경영사상가다. 2001년 <파이낸셜타임스>가 선정한 비즈니스 구루에 잭 웰치, 피터 드러커, 빌 게이츠에 이어 4위에 이름을 올렸으며, 2003년 <하버드비즈니스리뷰>가 뽑은 '가장 영향력 있는 비즈니스 거장 50'에 선정되었다. 시카고 대학과 MIT에서 각각 경제학 석사와 박사 학위를 받았으며, 박사 과정 이후에도 하버드 대학에서 수학을 공부하고 시카고 대학에서 행동과학을 연구했다. 세계 유수의 대학에서 명예 박사학위를 12개나 받았으며 <하버드비즈니스리뷰>를 비롯한 주요 저널에 100편이 넘는 논문을 기고했다.
[출처] 필립 코틀러 [Philip Kotler] (해외저자사전, 2014. 5.)

④ 대체성 : 매매 및 소비할 때에 동종 · 동량의 상품을 가지고 대체할 수 있어야 한다.

⑤ 경제성 : 가격이 가치에 비해 비교적 싼 것이어야 한다.

⑥ 정보성 : 상품 · 브랜드 등이 잘 알려져 있으며, 그 구매 및 소비에 있어서 충분한 정보가 제공되고 있어야 한다.

⑦ 안전성 : 위에 제시한 모든 적성이 충족되어 있다고 해도 만일 안전성에 문제가 있다면 상품으로서의 모든 가치를 잃게 된다.

⑧ 채산성 : 메이커 · 판매업자에게 채산이 맞아야 한다.

⑨ 사회성 : 사회 전체에 어떠한 영향을 미치는가 생각해야 한다.

3. 상표의 구성 요소

① 디자인(Design) : 주로 정서성을 갖추어야 하지만 기능성을 병행해서 균형있게 갖추어야 하고 추가로 상품의 편리성이 고려되어야 한다.

② 컬러(Color) : 상품에 매력을 주는 색상을 선택해야 하고 소비자의 주목을 이끌거나

③ 상표(Brand) : 상표란 제조업자 또는 판매업자가 자사의 상품을 타사와 구별하기 위하여 붙임 문자 · 도형 · 기호들을 말한다.

4. 상표의 기능

기업의 입장	• 상품을 차별화 • 상품의 선택을 촉진 • 고유시장 확보	• 출처와 책임 명확히 함 • 무형의 자산
소비자의 입장	• 상품의 식별을 가능하게 함 • 정보적 가치를 얻을 수 있음	• 상품을 보증해 줌

5. 상표의 종류

① NB(National Brand) : 상표 소유자에 의한 분류로 제조업자 상표

② PB(Privale Brand) : 도매업자 또는 소매업자 등 유통업자 스스로 만든 상표 / 저가격 전략을 특징으로 하며 상품에 대한 인지도나 질에 대한 인지도는 저조하나 가격이 저렴하고 마진율이 높은 특징을 가지고 있어 대형할인마트, 할인점 등에서 선호한다.

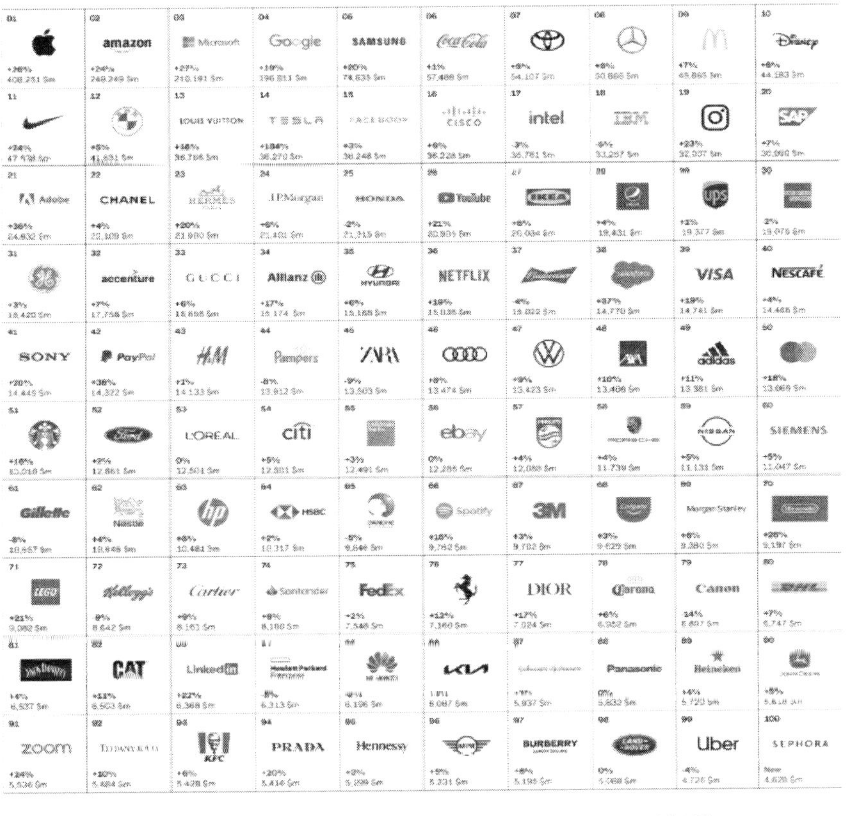

★ 상표의 힘 [2021년 글로벌 브랜드 순위][18)]

18) 베스트 글로벌 브랜드[Best Global Brands] 베스트 글로벌 브랜드는 브랜드 컨설팅 그룹인 인터브랜드에서 매년 발표하는 세계 100대 브랜드 가치 순위이다. [출처] 베스트 글로벌 브랜드 [Best Global Brands] (세계 브랜드 백과, 인터브랜드)

31 상품분류

상품의 분류는 여러 가지 형태로 분류할 수 있으나 유통에서의 상품분류는 크게 4가지 형태로 분류한다.

1. 사용목적에 따른 분류

① 소비자용품 : 최종소비자가 자기의 가정 안에서 소비하거나 혹은 선물 등의 목적을 위하여 소비 및 사용하는 것

② 산업용품 ; 다른 상품을 생산하기 위하여 또는 업무활동을 위하여 재판매함으로써 이익을 올리기 위하여 소비 및 사용하는 것

2. 구매관습에 따른 분류

편의품	선매품	전문품
① 높은 구매빈도 ② 낮은 단가 ③ 높은 회전율 ④ 낮은 마진 ⑤ 대량생산 가능 ⑥ 상표에 대한 높은 관심 ⑦ 습관적 구입 ⑧ 주거지 근처에서 구매	① 낮은 구매빈도 ② 비교적 높은 단가 ③ 높지 않은 회전율 ④ 상당히 높은 마진 ⑤ 대량생산에 부적합 ⑥ 스타일·디자인 등 정보적 가치가 중요 ⑦ 사전계획을 세워 구매 ⑧ 구매에 시간·노력을 아끼지 않음 ⑨ 몇몇 점포를 둘러본 후 비교 구매	① 매우 낮은 구매빈도 ② 매우 높은 단가 ③ 매우 낮은 회전율 ④ 높은 마진 ⑤ 상표에 매우 관심 ⑥ 상당한 노력을 들여 예산 및 계획을 세우고 정보 수집 ⑦ 구입할 때 전문적인 판매원의 지도·정보가 큰 역할을 함
집약적[19] 유통방식	선택적 유통방식	전속적 유통방식

19) 집약적 유통방식은 개방적 또는 집중적 유통방식과 동일한 표현으로 사용된다.

3. 라이프사이클에 따른 분류

① 도입기 상품 : 방금 발매된 신상품으로 품질이나 효용 및 특징을 널리 광고하여 적극적인 판매촉진을 해야 한다.

② 성장기 상품 : 광고의 효과 등으로 상품의 지명도와 유용성이 소비자에게 널리 인식되어 매상고가 점진적으로 상승하며, 판매추세가 급상승하는 제품이다.

③ 성숙기 상품 : 수요가 포화상태, 판매신장률이 둔화되는 시기이다.

④ 쇠퇴기 상품 : 대체상품의 진출이나 소비자 행동의 변화에 의하여 수요가 강화되어 매출과 이익이 감소된다.

4. 일반적 상품의 차원별 분류

① 핵심상품은 가장 기초적인 수준의 상품을 말한다. 소비자가 상품을 소비함으로써 얻을 수 있는 핵심적인 효용을 핵심상품이라고 한다.

② 실체상품은 핵심을 눈으로 보고, 손으로 만져볼 수 있도록 구체적으로 드러난 물리적인 속성차원에서의 상품을 말한다. 즉 소비자가 실제로 느낄 수 있는 수준의 상품으로, 흔히 상품이라고 하면 이러한 차원의 상품을 말하며 핵심상품에 품질과 특성, 상표, 디자인, 포장, 라벨 등의 요소가 부가되어 물리적 형태를 가진 상품을 말한다.

③ 확상상품은 실제상품의 효용가치를 증가시키는 부가서비스 차원의 상품을 말한다. 실체상품에 보증, 반품, 배달, 설치, 애프터서비스, 사용법교육, 신용, 상담 등의 서비스를 추가하여 상품의 효용가치를 증대시키는 것이다. 상품을 차별화할 수 있다.

32 상품구성과 진열

1. 상품 구성의 형태

① 계열구성 확대 : '그 상점에 가면 여러 가지 다른 상품을 횡적으로 조화를 이루면서 구입할 수 있는 편리한 상점"이라는 매력에 관계된다.

② 품목구성 확대 : '그 상점에 가면 특정상품 계열에 대해서 자기의 기호, 사용목적, 구입예산에 알맞은 품목을 많은 후보 품목군 중에서 선택할 수 있는 편리한 상점"이라는 매력에 관계된다. 예컨대 화장품 계열이 대표적이다.

③ 소매업 상품정책상 기본유형

㉠ 완전종합형 상품정책 : 종합화 · 전문화의 동시적 실현(백화점 등)

㉡ 불완전종합형 상품정책 : 종합화를 우선적으로, 전문화는 오히려 후퇴하거나 고려하지 않음(넓고 얇게 - 양판점)

㉢ 완전한정형 상품정책 : 전문화를 우선적으로, 종합화는 후퇴하거나 미고려함(좁고 깊게 - 철저한 전문점)

㉣ 불안전한정형 상품정책 : 점포규모, 자본력, 입지조건 등에서 종합화 · 전문화 모두 단념(좁고 얕게 구성의 형태 - 근린점[20])

2. 상품 구성의 요소

상품의 폭과 깊이는 상호 제약관계에 있으므로 폭과 깊이의 비율에 따라 상품구성이 달라진다.

---

20) 근린점 : 가까운 점포 즉 고객이 거주하거나 구매시점에서의 장소가 주변에서 근거리에 위치한 점포로 구매하러 가는 점포의 형태를 말한다. (동네 소규모 마트, 편의점 등)

① 상품의 계열구성 : 상품의 폭으로서 점포가 취급하는 비경합적 상품계열의 다양성이나 수를 결정, '그 상점에 가면 여러 가지 다른 상품을 횡적으로 조화를 이루면서 구입할 수 있는 편리한 상점'이라는 매력에 관계된다. 예를 들면 핸드백, 구두 등 디자인이나 형태, 격조면에서 구분 / 상품의 넓이로 선택

② 상품의 품목구성 : 상품의 깊이로서 동일한 상품 계열 내에서 이용 가능한 변화품이나 대체품과 같은 품목의 수를 결정, '그 상점에 가면 특정 상품 계열에 대해서 자기의 기호, 사용목적, 구입예산에 알맞은 품목을 많은 후보 품목군 중에서 선택할 수 있는 편리한 상점'이라는 매력에 관계된다. 예를 들면 화장품과 같이 / 품목의 깊이로 다양성 선택

3. 상품 구성의 표현

폭 넓다	백화점이 의류, 패션, 잡화, 가구, 가전, 스포츠용품, 식품 등 다양한 상품을 취급하는 것을 표현한다.
폭 좁다	반대로 상품의 구성이 다양하지 않으면 폭이 좁다라고 함. 대형마트에 비해 상대적 동네 마트를 비유해서 표현한다. 또는 전자제품만 취급하는 전문점의 경우도 상품의 폭이 좁다라고 함.
상품구색 깊다	전문점의 경우 한 제품에서의 다양한 종류가 구성되어 있는 경우를 상품구색이 깊다라고 표현한다. 예를들어 '냉장고' 제품의 경우에서도 다양한 디자인이나 가격, 모양, 용도, 형태에 따라 여러종류의 상품구색을 갖춘 전문점이 그렇다
품목이 길다	품목의 수가 많다는 표현으로 매장내에서 진열된 전체의 품목의 수량을 표현한다.

33 상품 매입관리

1. 상품 매입과정

마케팅 조사, 매입계획의 수립, 매입상품의 선정, 매입처 선정, 매입방법, 매입수량과 시기

2. 바이어와 매입의 역할

① 바이어(Buyer)

- 공급자를 판단 결정 → 매입조건 협상을 통한 구매 행위자
- 교섭 능력에 따라 상대적 크기가 중요한 요소로 발생한다.

② 매입

- 구매에 필요한 대가를 지불하고 획득하는 경제용어

③ 벤더(Vender)

- 생산(공급)된 물품에 대한 주도적 판매 역할을 수행하는 자
  * 소매상 관계를 통한 교섭 역할 (일회성, 기능적, 전략적)

④ 소매업체와 공급업체 간의 전략적 파트너십

⑤ 독립적인 Vender 효과

- 상품 홍보력, 거래비용, 물류비 절감 등이 있다.

3. 발주

① 발주의 개념 : 상품 매입에 필요한 정보 이전 → 매입담당자가 구매 주문 단계

② 재발주: 반복적 매입을 통한 이전 행위

③ 발주시기: 정기(시기 고정), 발주점법(주문량 고정), 단품관리(each)

④ 재고관리비용 극소화하도록 구매수량을 결정하는 것이 경제적 발주량 결정이다.

⑤ 재고관리 필요성 : 수요 적극 대응, 과다(소) 보유 지양, 회전율 고려, SKV 재고관리(순번 활용), 지수평활법(최기데이터활용 → 미래수요예측)

⑥ Lead-Time : 머천다이징에 있어 기획에서 실제로 제품화되기까지의 시간을 말한다. 또한, 유통 용어로는 제품을 발주하고 나서 실제로 배달될 때까지 걸리는 시간을 말한다.

⑦ 재고관리 실행의 복석은 정확한 원가 산정이다.

- 활동 기준 원가 관리(ABC)를 통하여 제조 간접비용이 → 각 상품별 원가 배분으로 나뉘어 진다.

⑧ ABC 분석 기법 : 재고수준별 등급 반영하여 상품의 재고를 유지

⑨ 판매 추세 분석

- 판매자의 목표와 실제 매출을 비교 → 추가 생산, 가격인하

⑩ 선매품의 재발주 기술 : 선매품은 상품라인(범위)마다 치밀한 모델 스톡 플랜[21]에 의하여 재발주해야 한다. 특히 선매품에는 같은 품목의 보충 발주가 불가능한 것이 많아 고객수요에 적합한 상품구성과 품목별 재고 계획에 의해 보충발주하게 된다.

---

21) Model Stock Plan : 고객수요에 가장 적합한 상품구성 및 품목별 재고유지를 기준하는 이상적인 재고상태를 의미한다. 유행성 상품은 과거의 판매동향에 따라 재고량을 결정하는 것이 어렵다. 그러나 여기서도 주요한 가격라인 또는 사이즈의 분포와 소재 등 요인에 의해 구색갖춤과 재고량을 계획하는 것이 어느 정도 가능하다.

4. 구매 관습과 구매 동기

구매 관습이란 소비자가 구매하는 방법 · 시기 · 장소 등을 말하는 것으로써, 예컨대 어떤 소비자가 식료품을 항상 습관적으로 인접 식료 잡화점에 가서 사오느냐 또는 마트에서 사느냐 또는 일용품을 매일 사는지 여부 또는 매주 한 번씩 모둠으로 구매하는지의 여부 또는 구매자의 지인이나 가족들과의 동반 구매, 성별, 지역별 등의 다양한 조건의 행위를 말한다. 이런 구매 관습에는 충동 구매, 일용 구매, 선정 구매, 특수 구매 등이 있다.

구매 동기란 구매자로 하여금 특정 상품의 구매를 결정케 하는 동인을 말한다.

① 감정적 구매동기: 소비자가 합리적인 이유를 생각하지 않고, 막연한 기분이나 무드에 끌려 물건을 살 때 일어난다.

② 합리적 제품동기 : 소비자가 물건을 살 때 경제성 내지 저가격 등과 같은 노리적타당성을 이리저리 생각해 보고 사는 경우에 일어난다.

③ 감정적 애고동기: 소비자가 특정상점을 애고하는이유를 깊이 생각함이 없이 감정에 의해 애고(愛顧)[22]하게 되는 경우에 일어난다.

④ 합리적 애고동기: 합리적인 판단을 거쳐서 애고하게되는 것으로 여러 가지 이유를 잘 생각해 보고 사는 경우에 이 동기가 작용한다.

> 사례 : 백화점에서는 1층에서 귀금속 같은 고가품을 취급해 일단 가격 충격을 줌으로써 고객이 층을 올라면서여타 상품의 높은 가격에도 둔감해지도록 하거나, 매장에 창문과 시계를 두지 않아 고객들이 시간 가는 줄 모르고 쇼핑에만 열중하도록 하고 있다.

22) 애고(愛顧): [명사] 사랑하여 돌보아 줌. 마음에 들다.

34 머천다이징

머천다이징(Merchandising)이란 마케팅 활동의 하나로 상품화계획이라고 번역되기도 한다. 수요란 저절로 만들어지는 것이 아니라 적극적으로 창출한다는 것이 최근 견해이다. 그런데 수요를 창출하려면 수요자의 행동을 면밀히 조사하고 수요를 자극해야 하며 생산원가 등을 고려하여 수요자에 적합한 상품을 제조해야 한다. 다시 말해 ‘시장조사→상품화계획→선전→판매촉진’ 등이 원활하게 진전돼야 수요를 신장시킬 수 있다. 최근엔 머천다이징을 상품화계획, 판매촉진, 광고 선전 활동을 포함한 넓은 의미로 사용하고 있으며 단순한 상품화계획은 프러덕트 플래닝이라고도 한다.[23] 이런 머천다이징은 “상품계획 + 상품관리 = 상품화”로 만들어낸 제품 / 판매하는 상품이라고 정의를 내릴 수 있겠다.

제조업의 중심적 업무로서 제품의 연구, 개발과 시장 도입활동을 의미하는데 소매업의 머천다이징은 ‘상품기획’ 또는 ‘상품화계획’이라 하여 기업의 입장에서 상품구매를 위한 선정업무를 말하는 것으로 제조업 분야나 유통업 분야에서 각각 업무의 특성에 따라 차이가 있다. 따라서 머천다이징이란 여러 가지의 개념을 포함하고 있으나, 유통업 무분에서는 구매활동과 판매활동을 중요한 업무로 보고 있으며, 제조업 부문에서는 상품기획 및 개발업무를 주요 업무로 말할 수 있다. 한편 마이크로머천다이징은 고객만족을 위해 필요한 점포 특유의 제품믹스를 계획하고 수립하여 배달하는 과정으로 소매업 자가 고품질의 서비스나 독점적인 제품의 제공과 같은 소매차별화로 레이저빔 소매업이라고도 한다.

---

23) [출처] 머천다이징 (매일경제, 매경닷컴)

35 상품 재고관리

1. 재고관리

재고는 원자재, 부품, 재공품 및 반제품으로서 현재 사용되고 있지 않은 경제적 자원을 말하며 노동 및 자본까지도 포함하고 있다. 적정한 재고는 적시에 물건을 공급하여 이익을 가져오며, 고객서비스 향상으로 기업의 이미지를 창출한다.

2. 재고의 목적

기업의 이익을 극대화하기를 목적으로 적정 수준의 재고를 유지하여 품절로 발생되는 매출기회상실에 대비하고 객서비스를 최대화하는 것을 목적으로 한다.

3. 적정재고관리

고객이 원하는 상품의 구색을 충분히 갖추고 적정 수준의 재고를 유지하기 위해서는 재고관리를 계획적으로 하지 않으면 안 된다. 이에 기초재고, 상품구색재고, 신규재고를 적정선에서 유지하려면 매장과 창고에 있는 상품수량, 상품별 판매빈도, 주문해야 할 상품의 유형과 수량에 대한 정확한 데이터가 확보되어야 하며 재고부족의 원인이 되는 부정확한 판매예측, 매입처로부터의 상품공급 지연, 매입자금의 부족, 예상치 못한 고객수요 등에 대한 대응책도 마련되어야 한다.

4. 재고관리 모형

① 경제적 주문량 모형(Economic Order Quantity) : 주문비용, 재고유지비용 간의 관계를 이용하여 가장 합리적인 주문량을 결정하는 방법이다. 즉 주문 비용과 재고 유지비가 최소가 되게 하는 1회 주문량으로 연간 재

고 유지비는 연간 주문 비용과 일치한다.

② 고정발주량형 재고관리시스템[Q(Quantity)] : 재고가 일정한 수준에 도달하면 사전에 정해진 일정량(경제적 주문량)을 주문하는 시스템으로, 주문량은 고정되어 있지만 주문시기는 일정하지 않다. 관리가 쉽고 주문비용이 저렴하며, 재고관리 비용이 최소화 되는 장점이 있으나 재고수준에 유의해서 검토해야 한다.

③ 고정발주기간형 재고관리시스템[P(Period)시스템] : 정기적으로 부정량(최대재고량 - 현재재고량)을 발주하는 방시으로 정기실사방식이라고도 한다.

④ ROP 모형(재발주점 모형) : 주문기간을 일정하게 하고 주문량을 변동시키는 방법이다.

⑤ ABC 재고관리 시스템 : 관리대상의 수가 너무 많아 품목에 대해 동일하게 관리하기 제한될 경우 품목에 대한 특정기준에 의하여 그룹화하여 집중적으로 관리하는 시스템을 말한다.

⑥ 재고피라미드 분석 : 재고의 구성을 움직임이 일어나지 않은 기간별로 구분하여 도표화하는 것이다.

⑦ MRP 시스템 : 최종품목의 구성품목들이 언제, 얼마나 필요하며 이들이 필요할 때 준비되기 위해서는 언제 주문해야 하는지를 결정하는 기법이다.

⑧ JIT(Just In Time) 시스템 : JIT 시스템의 근본적인 목적은 필요한 부품을 필요할 때, 필요한 곳에, 필요한 양만큼 생산 또는 구매하여 공급함으로써 생산활동에서 있을 수 있는 제공품의 재고를 아주 낮게 유지하는 것이다.

36 디스플레이(Display)

1. Display 개념

Lay-Out 의 광의적 개념으로 매장 내부를 홍보환경으로 만드는 최소의 행위이다. 판매대의 설비 및 배치, 조명의 배려에 따라 상품을 배열하여 고객의 구매의욕을 자극시키기 위한 판매기술이라고도 한다. 우리말로는 전시 또는 속칭 디피(디스플레이의 줄임말 표현)라고 표현하거나 전시장식이라고도 표현하는 사람들도 있다.

2. 디스플레이의 목적

① 내점객의 수를 늘린다. → 고객의 수 증가 목적

② 1인당 매상 단가를 늘린다. → 적정 이익의 증가

③ 계속적으로 판단. → 지속적인 거래 행위

④ 적정한 이익을 확보한다. → 적정 이익의 확보

⑤ 점포의 직장 환경의 향상을 괴한다. → 종업원의 판매 의욕 증진

3. Display 5원칙 (AIDCA)

① Attention: 고객의 주목을 끄는데 목적

② Interesting: 상품 및 매장에 대한 흥미를 유발

③ Desire: 고객의 Needs 를 구매 욕구로 생성

④ Conviction: 사는 것이 자신에게 유익하다는 확신을 갖음

⑤ Action: 구매행위 유발

제7장 매장관리

37. 매장과 점포 Lay-Out

38. 점포공간 계획 및 관리

39. 플래노그램(Planogram) & 웨보그램(webogram)

37 매장과 점포 Lay-Out

1. 매장의 의의 및 역할

① 매장이란 유통경로를 통하여 공급된 상품을 고객에게 판매하는 곳을 말한다.

② 매장은 상품을 전시하는 전시장이 아니라 상품을 판매하는 곳이다.

③ 매장은 고객에게 가치를 제공하며, 고객으로 하여금 제공된 가치에 대하여 만족을 느끼게 하는 곳이다. 가치가 있다는 것은 가격이 비싼 것을 의미하는 것이 아니라, 고객이 지불한 대가에 대하여 만족을 느끼는 것을 의미한다.

④ 매장은 수익을 실현하는 곳이다.

⑤ 매장은 고객에 대한 정보 수집을 가장 현실적이고 빠르게 입수하는 곳이며, 이러한 정볼를 토대로 상품흐름이나 고객의 소비흐름에 대한 추이도 파악할 수 있는 곳이다.

2. 매장의 기본조건

① 매장은 고객에게 꼭 필요한 상품을 잘 보이게 하면서 쇼핑에 편리하도록 조성해야 하며, 환경이미지에 적합하도록 설계하여야 한다.

② 매장은 상품을 구입하고 쇼핑을 즐기는 곳이므로 쇼핑에 불편함을 제공하는 장애물이 있어서는 안 된다.

3. 레이아웃(Lay-Out)

① 매장관리 : 고객 접점의 최상화 관리로 효율적인 매장 구성이나 상품진

열, 고객동선, 작업동작 등을 위한 일련의 배치작업을 말한다.

② 점포 Lay-Out : 경영전략 최적화 + 비용절감 ⇒ 점포 최적화 설계 및 설비를 통하여 조성해야 한다.

격자형	• 쇼케이스, 진열대, 계산대, 곤돌라 등 진열기구가 직각 상태 • 고객의 동일 제품에 대한 반복구매가 높은 소매점, 슈퍼마켓, 디스카운트 스토어 등 • 비용이 적게 들며 표준화된 집기 배치 • 판매 공간을 효율적으로 운영 • 셀프서비스 점포에 필요한 일상적 구매행동을 촉진 • 재고 및 안전관리가 용이
자유형	• 쇼케이스, 진열대, 계산대, 운반카, 집기, 비품이 자유롭게 배치되어 있는 형태 • 사용하는 집기, 비품류의 대부분은 원형, U자형, 아치형, 삼각형과 같은 불규칙한 형태로 배치 • 고객이 자유로운 쇼핑과 충동적인 구매를 기대하는 매장에 적격인 점포배치 형태 • 제품진열공간이 적어 제품 당 판매비용이 많이 소요되는 형태 • 충동구매를 유도함으로써 점포의 매출을 증대시키는 이점 • 패션지향적인 점포에서 많이 사용되는 유형(백화점, 전문점)
변형형	• 입구 및 계산대, 출구로 구성되며 외식체인이나 여행사에서 주로 사용하는 형태의 표준형 • 점포배치는 자유형 점포배치 형태에서 나온 것으로 선물점, 백화 등에서 널리 이용하는 부티크형

③ 조닝은 레이아웃이 완성되면 각 코너별 상품 구성을 계획하고 진열면적을 배분하여 레이아웃 도면상에 상품배치 존 구분을 표시하는 것을 말한다. 페이싱은 페이스의 수량을 뜻하는 것으로 앞에서 볼 때 하나의 단품을 옆으로 늘어 놓은 개수를 말하며 진열량과는 다르다.

38 점포공간 계획 및 관리

1. 점포의 공간관리

① 쇼윈도 : 소비자를 점포에 유인하는 역할과 점포의 품격을 나타내며 소비자의 시선을 점포내로 유도하는 역할을 한다.

② 멀티숍 : 여러 브랜드의 제품을 한 곳에 모아놓고 판매하는 점포를 말하는데, 이는 특정 브랜드의 제품만 판매하는 '브랜드 숍'과는 다르게 여러 상표를 비교해 구입할 수 있는 장점이 있다. 편집매장 또는 복합매장이라고도 한다.

③ 버블계획과 블록계획

㉠ 버블계획 : 점포의 주요 기능 공간의 규모 및 위치를 간략하게 보여주는 것을 말한다.

㉡ 블록계획 : 버블계획에서 간략하게 결정된 배치를 기반으로 점포의 각 구성부분의 실제규모와 형태까지 세부적으로 결정하는 것을 말한다.

④ 플래노그램 : 특정 제품이 속한 부서 내 제품의 진열위치를 결정하기 위해서 흔히 플래노그램을 활용하는데, 이는 제품이 각각 어디에 어떻게 놓여야 하는지를 알려주는, 일종의 진열공간의 생산성을 평가하게 해주는 지침서를 말한다.

2. 통로 설정

① 소매점의 통로 설정은 셀프 서비스 방식 소매점 형태로 주통로, 부통로, 순환통로가 존재한다.

② 통로의 물리적 조건으로는 곧게 형성되는 형태로 소비자가 다닐 때 가로

막는 장애물이 있어서는 안되며, 통로가 넓어야 하며 평탄하고 경사지지 않아야 한다.

③ 통로 레이아웃 유형

㉠ 원 웨이 컨트롤 방식 : 소비자들이 점내를 점포측에서 기대하는 대로 걷도록 하기 위한 방식이다.

㉡ 투 웨이 컨트롤 이론 : 대형매장 특히 '정방형' 형태일 경우에 '투 웨이 컨트롤' 원리를 적용해서 레이아웃을 구성한다.

3. 점포 환경 관리

① 점포 내부환경 : 조명, 조도, 색채, 디스플레이 등 내적요소 제공

② 유형별 상품 진열, 배치 형태 (내용 이해)

③ 점포 외부환경 : 외장형태, 장식, 디자인 설계 등 고려 ⇒고객인지도를 높일 수 있도록 설계

4. 점포 최적 관리

점포관리의 목적은 점포의 기능적인 측면이 중요하다. 즉, 판매촉진, 선전, 관리기능, 쾌적한 환경 등을 효과적으로 달성하려고 하는 것을 말한다.

① 점포의 최적 생산을 위한 상품 배치, 진열

② 보통매장 : 비매장 비율 (4 : 1)

③ 전략적 관리(사업의 타당성, 장기적)

④ 전술적 관리(매장 재배치, 점유율 조정)

39 Planogram] & webogram

편의점과 할인점의 계산대 옆에는 계산하면서 쉽게 집어 들 수 있는 소액의 상품들을 진열해서 고객이 애초에는 의도하지 않았던 구매를 유도하여 매출을 올리고 있다. 이런 소매 형태는 편의점과 할인점에서 소액 상품들을 진열해서 고객의 비계획적 소비를 유도함으로써 매출을 올리는 형태로 백화점의 경우 1층에서 귀금속 같은 고가품을 취급해 일단 가격 충격을 줌으로써 고객이 층을 올라가면서 여타 상품의 높은 가격에도 둔감해지도록 하거나, 매장에 창문과 시계를 두지 않아 고객들이 시간 가는 줄 모르고 쇼핑에만 열중하도록 하고 있다. 이러한 판매기술은 진열공간의 생산성 평가를 향상시키는 역할을 한다.

[플래노그램 예시 사진]

Planogram은 plan of program의 약자이며 업계에서는 일반적으로 POG 또는 POG시스템이라고 한다.

Webogram은 Web of Program의 약자로 인터넷에 서칭하려는 순간 포털사이트를 통해 물건 구매 및 영화 예매 등의 온라인판매 마케팅 기술을 웨버그램이라고 한다. 향후 인터넷과 모바일 사용증가에 따른 웨버그램의 판매전략이 빠른 속도로 진화할 것으로 예상된다.

제8장 판매관리

40. 유통서비스
41. 서비스마케팅
42. 서비스 특성 문제점 / 대응전략
43. 포장의 상품 기능
44. POS(Point of Sale)시스템
45. 판매촉진
46. POP(Point Of Purchase)광고
47. 소스마킹 & 인스토어마킹
48. 바코드(Bar Code)
49. 컴플래인(Complaint)
50. 판매지향적 사고와 고객지향적 사고

40 유통서비스(SERVICE)

1. 서비스란 구입한 상품이 사는 사람에게 충분히 그 효과를 발휘하게끔 하기 위해서 파는 사람이 사는 사람에 대하여 베푸는 일종의 원조이다. 서비스는 상품과 동시에 전달하기 때문에 **무형성, 비분리성, 이질성, 소멸성, 불확실성 제거** 등의 특성이 있다.

① 서비스의 기본 특성은 형태가 없다.

② 객관적 의미의 실체가 없거나 만질 수가 없다.

③ 생산과 소비가 동시에 일어나기 때문에 비분리성이 발생한다.

④ 규격화, 표준화가 어렵고 고객에 따른 개별화의 기회를 제공하기에 서비스 자체의 이질성이 존재한다.

⑤ 재고로 보관할 수 없다. 상품과 동시에 전달함으로써 소멸한다.

2. 서비스품질은 사용자의 인식에 의해 결정된다. 서비스 속성의 집합이 사용자를 만족시키는 정도가 서비스의 품질이라고 말할 수 있다. 이것을 흔히 기대에 대한 인식의 일치라고 한다. 따라서 품질은 다음과 같은 두 가지로 구성된다.

① 사용자가 요구하는 서비스의 속성이 특정 서비스에 정의되어 있고 부합되는 정도로 서비스품질이 구성

② 이러한 속성에 대한 요구수준이 성취되어 사용자에게 인식되어지는 정도로 서비스품질이 구성된다.

3. 서비스품질의 측정

① 개선, 향상, 재설계의 출발점이 측정 이유
② 경쟁우위 확보와 관련한 서비스 품질의 중요성 증대

4. 그럼에도 서비스품질을 측정하기 어려운 이유
① 객관화하여 측정하기 어렵다.
② 서비스의 전달이 완료되기 이전에는 검증할 수 없다.
③ 서비스에 대한 데이터 수집의 한계와 시간과 비용이 상품에 비해 상대적으로 비용이 많이 들며 회수율도 늦다.
④ 자원이 서비스 전달과정 중에 고객과 함께 이동하는 경우에는 고객이 자원의 흐름을 관찰할 수 있다. 이런 점은 서비스품질 측정의 객관성을 저해한다.
⑤ 고객은 서비스 프로세스의 일부로서 변화를 일으킬 수 있는 중요한 요인이기도 하다. 따라서 고객을 대상으로 하는 서비스품질의 연구 및 측정에 본질적인 어려움이 있다.

5. SERVQUAL(Service Quality, 서비스품질의 측정도구)
① 신뢰성 (Reliability) : 서비스 신뢰를 바탕으로 정확한 업무수행 능력
② 확신성 (Assurance) : 직원의 지식, 예절, 신빙성, 인진성, 자신감 전달 능력
③ 유형성 (Tangible) : 물리적 요소 구성 (장비, 오토바이, 계산대, 서빙도구 등)
④ 공감성 (Empathy) : 고객에게 제공하는 개별적 배려, 관심
⑤ 대응성 (Responsiveness) : 고객 요청에 항시 서비스 제공 행위

41 서비스마케팅

1. 마케팅 사고의 변천과정

생산지향적 사고	• 수요 > 공급 • '만들면 팔린다'는 사고 • 생산이 기업활동의 중심과제 • 기업의 과업 :고품질의 제품을 공급하는 제품지향 경영 • 고객의 관심 : 저렴한 가격, 취득 가능성 • 영업사원의 역할 : 단순한 제품전달 기능수행
판매지향적 사고	• 수요 = 공급 - '제품은 판매되는 것'이라는 사고로 팔려고 노력하기 시작 • 판매량 증가를 위한 판매기법 개발(대인판매, 전화판매, 방문판매, 광고) • 딜러에 대한 중요성을 인식하게 됨. • 효과적인 촉진활동 및 강력한 판매조직 구축
고객지향적 사고 [마케팅 컨셉]	• 수요 < 공급 - '팔릴 수 있는 제품을 만든다'는 사고 • 경쟁심화, 고객의 니즈다양화 • 판매는 마케팅의 한 분야이며 마케팅은 보다 포괄적 기능 수행 • Total Marketing System : 통합적 마케팅

2. 서비스의 무형성, 비분리성, 이질성, 소멸성, 불확실성 제거라는 특성이 있다고 앞서 말하였다. 서비스는 상품과 달리 유형의 물체가 아니기 때문에 형상이 없을 뿐만 아니라 상품과 함께 무조건 소비자에 전달되는 일체성이 동반되는 상품전달 보조의 역할을 한다. 그럼에도 상품과 전달과 동시에 사

라지면서 구매를 확정지은 순간에는 확실성이 소비자에게 전달되었기에 불확실성이 제거되었다는 뜻을 내포하고 있기에 이러한 서비스의 특성에 따라 서비스 마케팅을 운영해야 하는데 이때 상품원가, 판매가격에 의거 합리적 가격결정과 시행이 필요하다.

3. 서비스 마케팅으로는 상품원가, 판매가격에 의거 합리적 가격결정 → 시행하는 방법이다. 내부마케팅, 홍보전략으로 선택할 수 있으며 이러한 방법에는 TV, 신문, 인터넷, 휴대폰, 편지, 스포츠 등이 있다.

4. 서비스 구매의 특징

① 서비스의 제품 특성(탐색적, 경험적, 신념적 특성)

② 정보탐색으로 소비자가 제품 구매에 대한 의도적인 정보 획득 욕구

③ 다양한 정보를 통한 가격과 서비스의 대안 평가 기준

④ 환기상표군(Evoked Set)으로 구매를 고려할 때 머리 속으로 떠오르는 상표군, 브랜드를 의미

⑤ 혁신의 수용으로 새로운 제품이나 서비스를 받아들여 구매하는 것을 의미하는데 일반적으로 서비스는 혁신의 수용정도가 제품의 경우와 비교했을 경우 낮다.

⑥ 지각위험으로 서비스 상품을 구매할 때 일반제품의 구매 시 보나 시각위험이 높은 것으로 알려져 있다.

⑦ 브랜드 충성도는 서비스 상품의 경우 정보탐색비용이 상대적으로 높고 전환가능성은 서비스상품의 경우가 상대적으로 낮다.

⑧ 불만족귀인(Attribution) 불만이 있어도 자신의 잘못으로 판단함.

42 서비스 특성 문제점 / 대응전략

1. 서비스 제품 특징

① 탐색적 특성 : 제품의 구매 전에 알 수 있는 제품의 특성으로서 색상, 스타일, 디자인 등의 외적인 특성 및 가격, 상표명 등의 가시적인 특성을 의미한다.

② 경험적 특성 : 제품의 구매 전에는 쉽게 알 수 없고 소비하면서 또는 소비 후에야 알 수 있는 특성들이다. 일반적으로 음식의 맛, 의복의 내구성, 여행에 대한 만족 등이 경험적 특성에 속한다.

③ 신념적 특성 : 제품을 구매하고 서비스를 수혜 받은 후에도 좀체 평가하기가 힘든 경우에 속한다. 대표적으로 의료 서비스는 수혜 받은 후에도 필요한 서비스를 정말로 수혜 받은 것인지 또는 적절한 서비스를 수혜 받은 것인지를 환자들은 쉽게 가늠하지 못한다.

2. 고객서비스 개선을 위한 체크 포인트

① 정확한 계산

② 체크아웃 대기 시간의 단축

③ 체크 시간 중 대고객 접객 태도

④ 포장

⑤ 명세서 발행(POS System 설치도 가능)

⑥ 레지스터 수의 설정

⑦ 불평처리방법 명시(클레임 처리, 쿠폰이나 신용카드에 의한 쇼핑에 대한 지침 제공)

⑧ 판매원의 인상을 좋게 심어줄 것

3. 서비스 특성별 문제점과 대응전략

서비스의 특성	문제점	대응전략
무형성	▶ 특허로 보호가 곤란 ▶ 진열하거나 설명하기가 제한 ▶ 가격설절의 기준이 명확하지 않다.	▶ 실체적 단서를 강조 ▶ 구전화라동을 적극 활용 ▶ 기업이미지를 세심히 관리 ▶ 가격설정 시 구체적인 원가분석 실행 ▶ 구매 후 커뮤니케이션 강화
비분리성	▶ 서비스 제공시 고객이 개입 ▶ 집중화된 대규모생산이 곤란	▶ 종업원의 선발 및 교육에 세심한 고려 ▶ 고객관리 철저 ▶ 여러 지역에 서비스망을 구축
이질성	▶ 표준화와 품질통제가 곤란	▶ 서비스의 공업화 및 개별화 전략 시행
소멸성	▶ 재고로서 보관하지 못함	▶ 수요와 공급 간의 조화

4. 일반적인 고객서비스 지침

① 고객은 판매에 직결되기에 고객중심의 사고를 가져야 한다.

② 고객의 구매 결정에 단정을 짓거나 선입견을 가지면 안 된다.

③ 고객에게 대하는 고객응대 지침을 숙지하고 행동해야 한다.

④ 판매 및 거래 순간에 대해서도 서비스 행동지침대로 이행한다.

⑤ 고객에게 진정성으로 접객해야 한다.

⑥ 판매 후 추후 내점에 대한 인사 및 의사를 전달해야 한다.

43 포장의 상품 기능

1. 포장의 정의 : 물품의 수송 · 보관 등에 있어 가치 및 상태를 보호하기 위해 적절한 재료, 용기 등을 물품에 덧붙이는 기술 및 덧붙인 상태를 말하며, 이것은 개장(個裝), 내장(內裝), 외장(外裝)의 3종으로 나누어진다 [한국산업규격]. 포장은 개포장, 내포장, 외포장으로 분류되며 유통시장에서의 포장은 상품의 보호뿐만 아니라 직 · 간접적 홍보의 수단으로 판매량에 크게 작용하고 있다. 현대 사회에서는 제품의 용도를 더해 광고 및 홍보 효과에도 적용을 하며 특히 고가의 경우 더욱 포장의 중요성이 더해지고 있다.

2. 개장이란 물건을 직접 싸는 포장이고, 내장은 개장한 것을 상자 등의 용기에 넣는 포장이며, 외장은 수송을 위한 포장이다. 식품을 예로 들면, 한 개씩 싼 비닐은 개장, 이것을 여러 개 담은 봉지 또는 비닐은 내장, 수송을 위해 이 식품을 담은 상자가 외장이다.

3. 포장의 형태

① 낱포장(개장 ; Item Packaging) : 물품의 개개의 포장을 말하며, 물품의 상품 가치를 높이거나 물품 개개를 보호하기 위해 적합한 재료와 용기 등으로 물품을 포장하는 방법 및 포장한 상태를 말한다.

② 속포장(내장 ; Interior Packaging) : 포장된 화물 내 · 외부의 포장을 말하며, 물품에 대한 수분, 습기, 광열 및 충격 등을 방지하기 위하여 적합한 재료와 용기 등으로 물품을 포장하는 방법 및 포장한 상태를 말한다.

③ 겉포장(외장 ; Exterior Packaging) : 화물의 외부 포장을 말하며, 물품을 상자나 나무통 및 금속 등의 용기에 넣거나, 용기를 사용하지 않고 그대로 묶어서 기호 또는 화물을 표시하는 방법 및 포장한 상태를 말한다.

4. 소매업 상품의 포장 목적

① 상품의 보호(Protection)

② 취급상의 편리(Handling Convenience)

③ 판매의 촉진(Sales Promotion)

④ 선물 가치(Gift Value)

⑤ 상품의 관리(Control)

5. 목적과 기능

① 내용물 보호

② 상품을 운송 · 보관 · 판매 · 소매하는데 편리하도록 함

③ 상품의 판매촉진

④ 소비 · 사용에 관한 정보 제공

- 1차적 기능(보호성) : 회부의 충격이나 환경으로부터 내용물을 보호해 주는 기능
- 2차적 기능(편리성) : 내용물의 운송, 보관, 사용 및 폐기에 이르기까지 취급을 편리하게 하는 기능
- 3차적 기능(판매촉진) : 상품의 외형을 미화하여 소비자로 하여금 구매의욕을 불러일으키도록 하는 기능

6. 포장재 8가지 조건

① 내용물이 밖에서도 보이는 것
② 포개어 쌓아도 되는 것
③ 한 개가 소형 포장으로 된 것
④ 용이하게 개봉할 수 있는 것(Easy of Open)
⑤ 내용물의 품질 보존이 충분히 보장되어 있는 것
⑥ 쓰고 버리기에 용이한 것
⑦ 파손 가능성이 적은 것
⑧ 포장 재료의 무게가 가벼운 것

7. 포장 디자인

상품의 용기, 상자, 포장지 등의 디자인이며, 재료 및 구조의 합리성에 의하여 진열 효과를 높이고, 소비자의 구매 의욕을 자극하며, 사용에 있어서는 기능적으로 편리하게끔 조형 계획(Modeling Planning)하는 것이다.

8. 디자인 3요소 : 선(Line), 형(Form), 색채(Color)

평면적 디자인 (Flat Design)	표면상에 디자인의 3요소가 조화된 것
입체적 디자인 (Round Design)	선과 형이 입체적 공간에 배열되어 형에 조명과 색상이 작용하여 그 효과를 나타내는 것

9. 포장 디자인의 목적은 포장 본래의 기능을 발휘하면서도 시장성이 있고 아름다운 형태를 만드는 데 있다.

44 POS 시스템

1. POS(Point of Sale) 시스템이란 판매시점 정보관리시스템이라 하며, 판매장의 판매 시점에서 발생하는 판매 정보를 컴퓨터로 자동 처리하는 시스템을 말한다. 상품별 판매 정보가 컴퓨터에 저장되고 그 정보를 통해서 발주, 매입, 재고 등의 정보와 결합하여 필요한 판매 및 재고관리 정보에 활용한다.

※ 판매 실시간 정보를 데이터화 분석 ⇒ 유통경영 분석

2. 장점

① 계산원의 관리 및 생산성 향상

② 점포 사무작업의 단순화

③ 가격표 부착 작업의 절감

④ 고객의 부정방지

⑤ 품절방지 및 상품의 신속한 회전

⑥ 상품의 빠른 회전과 재고 비용의 절감

3. 목적

① 고객이 원하는 상품을 원하는 시기에 원하는 양만큼 구매할 수 있도록 하여 고객의 상품 구매 만족도를 높이는 것

② 기업은 팔릴 수 있는 상품을 그 양만큼 공급할 수 있도록 하여 매출과 이익을 극대화하는데 목적

4. 효과

① 계산원의 관리 및 생산성 향상

② 점포 사무작업의 단순화

③ 가격표 부착 작업의 절감

④ 고객의 부정방지

⑤ 품절방지 및 상품의 신속한 회전

5. POS 데이터 활용단계

① 제1단계 : 단순상품 관리 단계로서 기본적인 보고서만을 활용하는 단계이다. 부문별·단품별 판매량 조회 등이 속한다.

② 제2단계 : 상품 기획 및 판매장의 효율성 향상 단계이다. 이 단계에서는 날씨, 기온, 시간대, 촉진활동, 선반 진열의 효율성, 손실, 재고회전율 등의 정보와 연계하여 판매량 분석을 통해서 상품을 관리한다.

③ 제3단계 : 재고 관리 단계로서 내부의 재고 관리를 하며, 수·발주 시스템과 연계해서 판매 정보를 분석하고, 재고 관리를 하며, 발주량을 자동적으로 산출한다.

④ 제4단계 : 마케팅 단계로서 상품 정보와 고객 정보를 결합해서 판매 증진을 위한 마케팅을 실시하는 단계이다.

⑤ 제5단계 : 전략적 경쟁 단계로서 POS 정보를 경영 정보와 결합해서 전략적 경쟁 수단으로 활용하는 단계이다.

6. POS 정보 활용

① POS 시스템을 통해 얻어진 데이터를 토대로 가공된 정보는 기존의 유통

전략을 수정하는데 활용된다. 데이터에 담겨진 소비자의 욕구에 맞게 점포의 이미지를 설정하고, 그 이미지에 적합한 상품구색, ISM[24], 판촉 계획 등이 만들어진다.

② 상품정보관리는 상품계획을 위한 정보를 통해서 철수상품과 신규취급 또는 취급확대상품을 결정하는 데서 기업의 효율성을 제고한다.

③ ABC 재고관리는 상품의 매출정도 빈도를 상품 매출액을 통해서 A, B, C 등급으로 분류하여 A 상품군을 집중 관리하고 판매 극대화 및 매장의 생산성을 증대하고자 관리하는 기법이다.

④ 재고관리와 자동발주 : POS 시스템으로부터 얻어지는 데이터의 활용을 통해 단품관리가 가능해지고, 단품관리를 통해 재고관리가 가능해진다. 즉, POS로부터 얻은 단품별 판매수량에 근거하여 매입을 하고, 단품별 단전재고, 진열단위 등을 고려하여 재고를 증가시키지 않으면서 품절을 방지하는 적정발주가 가능해지는 것이다.

⑤ POS 데이터는 시간과 장소, 부문과 상품에 관한 종합적인 데이터를 제공한다. 따라서 POS 데이터를 통해 작업량을 도출하여 업무할당 및 관리에 이용하면 효율적인 인력관리가 가능해진다.

⑥ 고객관리 차원에서 POS 데이터를 통해 고객속성정보(성별, 연령, 주소, 직업 등 고객 신상정보), 상품이력정보(구입상품, 수량, 금액, 거래횟수 등에 관한 정보) 등은 고객별 관리 및 판촉활동을 위한 고객정보의 확보에도 활용될 수 있다.

24) ISM(Information of Supply Management) 구매자관리정보로 POS를 통한 소비자의 구매관리정보를 통틀어서 관리하는 시스템을 말한다.

45 판매촉진

1. 마케팅의 효과적 목표를 달성하기 위해서는 유통마케팅의 여러 가지 방법 등을 운영하여 전체적으로 균형잡히도록 조정 및 구성하는 활동을 해야 한다.

2. 마케팅 믹스 구성요소

① 가격계획(Price Planning) : 상품가격의 수준 및 범위, 판매조건, 가격결정방법 등을 결정하는 것을 의미한다.

EDLP 전략	▪ 상시 저가격을 유지하는 가격전략(Every Day Low Price) ▪ 규모의 경제, 효율적 물류시스템의 구축, 경영의 개선 등을 통한 저비용의 결과물 ▪ 대형마트에서 주로 사용
High / Low 전략	▪ EDLP 전략보다 높은 가격을 제공하면서 때로는 낮은 가격으로 할인하기도 하는 가격전략 ▪ 백화점이나 슈퍼마켓에서 주로 사용

② 제품계획(Product Planning) : 제품, 제품의 이미지, 상표, 제품의 구색, 포장 등의 개발 및 그에 관련한 의사결정을 의미한다.

③ 촉진계획(Promotion Planning) : 인적판매, 광고, 판매촉진, PR 등을 통해서 소비자들에게 제품에 대한 정보 등을 아리고 이를 구매할 수 있도록 설득하는 일에 대한 의사결정을 의미한다.

④ 유통계획(Distribution Planning) : 유통경로를 설계하고 재고 및 물류관리, 소매상 및 도매상의 관리 등을 위한 계획 등을 세우는 것을 의미한다.

3. 판매촉진의 개념

① 마케팅전략의 핵심은 상품, 가격, 유통과 촉진이다. 여기서 촉진이란, 고객에게 자사상품을 알려서 사고 싶은 욕구가 생기도록 만들어 판매로 연결되게 하는 활동이다.

② 촉진은 상품을 판매하기 위해서는 여러 가지 방법으로 소비자의 구매의욕을 높이는 활동을 말하며, 그 방법으로는 광고, 홍보, 판매촉진, 인적판매 등이 있다.

③ 광의로는 상품, 가격 및 유통전략을 세우는 것도 촉진이라고 할 수 있다.

4. 상품수명주기별 상품관리 전략

단계	내용
도입기 (Innovation Stage)	▪ 상품을 개발하고 도입하여 판매를 시작하는 단계 ▪ 수요량이 적고 가격탄력성도 적다 ▪ 경기변동에 대하여 민감하지 않으며 조업도가 낮아 적자를 내는 일이 많은 단계 ▪ 아직 상품에 대한 인지도가 낮으므로 높이도록 해야함
성장기 (Development Stage)	▪ 도입기 이후 상품의 매출액이 늘어나고 시장도 커짐 ▪ 수요량이 증가, 가격탄력성도 커지며, 상품생산 증가, 수익성 ↑ ▪ 경쟁자의 참여 증가로 마케팅전략 주의
성숙기 (Maturity Stage)	▪ 대량생산 체제, 상품단위별 이익이 정상에 달하지만 모방상품 진입 ▪ 잠재적 구매자에 의하여 상품이 수용, 상품 판매성장이 둔화되는 현상을 보임 ▪ 이익 극대화 되나 경쟁 상품과 차별을 위한 비용 증가, 이익 감소
쇠퇴기 (Decline Stage)	▪ 대체상품 증가에 따른 상품매출 감소, 소비기호 변화에 따른 소비자의 상품구매 욕구가 감소되는 시기 ▪ 광고 등의 판매촉진 효과가 없으며 시장점유율이 급속히 감소되고 판매 및 재고를 유지할수록 기업에 손해

46 POP 광고

1. POP(Point Of Purchase) 광고는 구매시점, 점내광고로 점포 유인·유도, 메시지 전달, 이미지형성, 판매 촉진하는 형태를 말한다. POP 광고의 경우 소비자들이 상품을 구매할 때 편리함을 도모하는 것이므로 이익액 또는 매출액 등을 좌우하는 힘을 지니고 있다.

2. POP 광고의 역할

① 종업원 대신에 소비자들의 질문에 응답한다. 식품매장의 경우 ‘ 이상품은 방금 수확한 계절상품’ 또는 ‘물 맑고 공기 좋은 강원도의 감자’ 등의 계절 및 고품질의 산지 등으로 소비자들에게 소구하는 것이 좋다.

② 점포에 방문한 소비자들에게 부담없이 상품들을 자유로이 선택 가능하도록 해 준다.

③ 경쟁의 경우 소비자들에게 명확하게 인식되게 하여 타 점포와 차별화 기능을 담당한다.

3. POP광의 기능

① 한정판매, 특가판매 등의 상품의 구매조건을 제안

② 포스터, 현수막, 계절 POP 등으로 점포 내부의 이미지를 조성

③ 상품명, 가격, 사용방법 등을 알려주어 상품의 특징을 설명

④ 배달, 고객카드 등의 서비스 제고의 범위를 인지시켜 준다

4. POP 광고의 종류

① 점포 밖 POP : 고객의 시선을 집중하고 호기심을 유발하여 판매점의 이미지 향상과 고객을 점포내로 유도하는 역할을 한다.

※ 윈도우 디스플레이, 연출용 POP, 행사포스터, 현수막, 간판 등

② 점포 내 POP : 고객에게 매장 안내와 상품코너를 안내해주고, 이벤트 분위기를 연출하여 충동구매를 자극하는 역할을 한다.

※ 사인보드, 일러스트 모빌류, 행거 안내 사인, 상품코너 포스터 등

③ 진열 POP : 가격, 제품비교, 제품 정보 등을 안내하며 타 상품과의 차별화를 주는 이익 및 장점을 안내하여 고객의 구매결정을 유도하는 역할을 한다. ※ 제품안내카드, 가격표 등

5. POP 광고의 구축방법

자점의 특징을 소비자들에게 정확하게 제시하고 매장과 가까운 장소에 다양한 방법으로 표시하며 매장의 안내, 부문의 표시, 사이즈 등을 정확하게 안내하며, 품명 및 가격표를 제시, POP 제품에 해당되는 부문에 게시를 해야 한다.

6. 주의사항

① 명확한 상품의 특징이나 가격의 소구

② 왜 사야 되는가의 이유의 명시

③ 매스컴 상품의 경우는 메이커 브랜드의 이용을 충분히 고려

④ 시즌이나 겨냥하는 목표에 따라서 카드의 색, 사이즈, 표현 방법을 적당히 할 것

⑤ 점포의 개성에 매치 될 것과 효과에 대한 평가 등

47 소스마킹 & 인스토어마킹

1. 소스마킹(Source marking)이란 제조업체 및 수출업자가 상품의 생산 및 포장단계에서 바코드를 포장지나 용기에 일괄적으로 인쇄로 표기하는 것을 말한다.

※ 가공식품, 잡화 등을 주로 활용한다.

2. 인스토어마킹(Instore marking)이란 포장하면서 일정한 기준에 의해 라벨러를 이용하거나 컴퓨터를 이용하여 바코드 라벨을 출력하고 이 라벨을 일일이 사람이 직접 상품에 부착하는 방식을 말한다.

※ 선매품, 전문품 등을 취급하여 활용한다.

[인스토어마킹 사례]

48 바코드(Bar Code)

1. 바코드(Bar Code)는 두께가 서로 다른 검은 막대와 흰 막대(space)의 조합을 통해 숫자 또는 특수기호를 광학적으로 쉽게 판독하기 위해 부호화한 것이다. 이것을 이용하여 정보의 표현과 정보의 수집, 해독을 가능하게 한다. 문자나 숫자를 나타내는 검은 막대와 흰 공간의 연속을 바와 스페이스를 특정하게 배열해 이진수 0과 1의 비트로 바꾸고 이들을 조합해 정보로 이용하게 되는데 이들은 심벌로지[25]라고 하는 바코드 언어에 의해 만들어진다.

2. 구조

① Quiet Zone : 바코드 시작문자의 앞과 멈춤문자의 뒤에 있는 공백부분을 가리키며 바코드의 시작 및 끝을 명확하게 구현하기 위한 필수적인 요소이다. 심벌 좌측의 여백을 전방여백, 우측의 여백을 후방여백이라 한다.

② Start/Stop Character : 시작문자는 심벌의 맨 앞부분에 기록된 문자로 데이터의 입력방향과 바코드의 종류를 바코드 스캐너에 알려주는 역할을 한다. 멈춤문자는 바코드의 심벌이 끝났다는 것을 알려줌으로써 바코드 스캐너가 양쪽 어느 방향에서든지 데이터를 읽을 수 있도록 해준다.

③ Check Digit : 검사문자는 메시지가 정확하게 읽혔는지 검사하는 것으로 정보의 정확성이 요구되는 분야에 이용되고 있다.

④ Interpretation Line : 사람의 육안으로 식별 가능한 정보(숫자, 문자,

---

25) Point Symbology 점 심벌로지: 특별히 지정된 위치에 지시된 심벌을 나타내기 위하여 크기와 위치 정보를 함께하는 개별의 기호표로부터 특정한 기호의 지시, 어떠한 그래픽 데이터베이스에서 좌표상 또는 점은 점 심벌로지에 해당될 수 있다. [출처] Point Symbology - 점 심벌로지 (지형 공간정보체계 용어사전, 2016. 1. 3., 이강원, 손호웅)

기호)가 있는 바코드의 윗부분 또는 아랫부분을 말한다.

⑤ Bar/Space : 바코드는 간단하게 넓은 바, 좁은 바와 스페이스로 구성되어 있으며 이들 중 가장 좁은 바와 스페이스를 'X 디멘전' 이라 부른다.

⑥ Inter-character Gaps : 문자들 간의 스페이스(X 디멘전 크기)를 말한다.

3. 바코드의 구분

심벌의 형태 차이에 의해 다음과 같이 바이너리코드(Binary Code)와 멀티레벨코드(Multi-level Code)로 구분할 수 있다.

① 바이너리코드(Binary Code) : 굵은 바와 좁은 바의 두 종류로 구성되어 2진법을 표현하는 바코드체계로 판독이 쉽고 라벨의 발행이 용이하다. ITF, Code 39 등에 사용되고 있다.

② 멀티레벨코드(Multi-level Code) : 몇 종류의 두께를 갖는 바와 스페이스로 구성되어 바 두께의 차이로 정보를 표현한다. 고밀도의 정보표현이 가능하며 GS1, Code 128 등에 사용되고 있다.

4. 바코드의 장점

① 오독률이 낮아 높은 신뢰성 확보

② 바코드에 수록된 데이터는 비접촉 판독이 가능하고 한 번의 주사로 판독 가능하다.

③ 컨베이어 상에서 직접 판독이 간으하여 신속한 데이터 수집 가능

④ 도입비용이 저렴하고 응용범위가 다양

5. 바코드의 적용분야

바코드는 유통 관리, 자재 및 창고관리, 근태관리, 출하 선적관리, 매장 관리 등 다양한 분야에서 활용 및 적용이 가능하다.

6. 국제표준바코드

GS1	**· 백화점, 슈퍼마켓, 편의점 등 유통업체에서 최종 소비자에게 판매되는 상품에 사용되는 코드로서 상품 제조 단계에서 제조업체가 상품 포장에 직접 인쇄 · 제품에 대한 어떠한 정보도 담고 있지 않으며 GS1코드를 구성하고 있는 개별 숫자들도 각각의 번호 자체에 어떠한 의미도 담고 있지 않다.**
GTIN-13	· 국가식별코드(3자리), 제조업체코드(6자리), 상품품목코드(3자리), 체크디지트(1자리) 구성된다.
GTIN-14	· 업체간 거래 단위인 물류단위, 주로 골판지 박스에 사용되는 국제표준 물류 바코드로서 입, 출하 시점에 판독되는 표준 바코드
SSCC	· 주로 팔레트와 컨테이너 같은 대형 물류단위를 식별, 추적, 조회하기 위해 개발한 18자리 식별코드 · 확장자(1자리), GS1 업체코드(10자리), 상품품목코드(6자리), 체크디지트(1자리) 구성된다.
EPC	· 바코드가 품목단위의 식별에 한정된 반면, EPC 코드는 동일 품목의 개별상품까지 원거리에서 식별 · 동일한 상품이라도 모든 개체를 개별적으로 식별할 수 있는 일련번호가 추가되어 상품 수져과 상품 이동상태를 매우 정확히 포착 가능

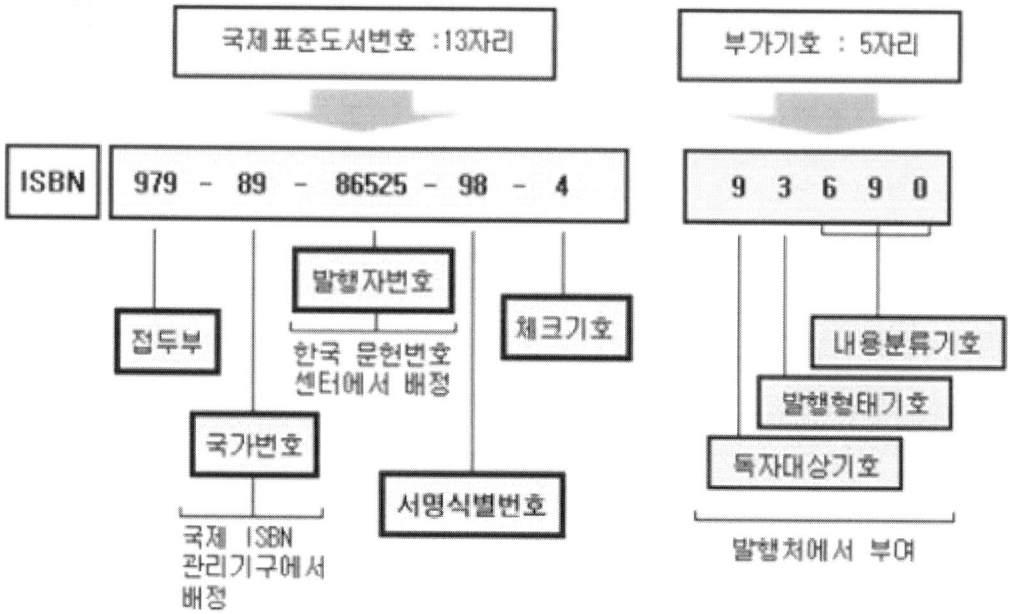

값 10000원

03810

9 791196 106508

ISBN 979-11-961065-0-8

[ISBN 표기 예 ; 도서 후면]

49 컴플래인(Complaint)

1. 고객이 상품을 구매하는 과정에서 또는 구매한 상품에 관하여 품질, 서비스, 불량 등을 이유로 불만을 제기하는 것으로 매장 내에서 종종 발생하는 사항이다. 고객의 불만, 오해, 편견 등을 풀어주는 일을 컴플레인처리라고 하며, 이것은 판매담당자의 중요한 임무 중의 하나이다.

※ 발생원인의 두 가지 측면에서 판단

- 판매자 측 원인
- 고객 측 원인

2. 컴플레인 중요성 및 체크사항

① 고객 컴플래인은 상품의 결함이나 문제점을 조기에 파악하여 그 문제가 확산되기 전에 신속하게 해결할 수 있게 해준다.

② 고객 컴플래인은 부정적인 구전(口傳) 효과를 최소화한다.

③ 불평하는 고객이 침묵하는 불만족 고객보다 낫다는 것을 염두하라.

④ 컴플래인을 제기한 고객은 유용한 정보를 제공한다.

3. 컴플레인 처리 시 유의사항

① 고객의 말에 동조해 가면서 끝까지 충분히 듣는다.

② 논쟁이나 변명은 피한다.

③ 고객의 입장에서 성의 있는 자세로 임한다.

④ 감정적 표현이나 노출을 피하고 냉정하게 검토한다.

⑤ 솔직하게 사과한다.

⑥ 설명은 사실을 바탕으로 명확하게 한다.

⑦ 신속하게 처리한다.

4. 불만고객 대응

고객불만은 상품의 결함이나 문제점을 조기에 파악하여 그 문제가 확산되기 전에 신속히 해결할 수 있게 해준다. 불평하는 고객이 침묵하는 불만족 고객보다 낫다. 불만을 제기한 고객은 유용한 정보를 제공한다.

5. 불만고객 대응 기본원칙

① 피뢰침의 원칙

② 책임 공감의 원칙

③ 감정통제의 원칙

④ 언어절제의 원칙

⑤ 역지사지(易地思之)의 원칙

6. 반품 취급

① 해당 영수증을 첨부하는 것을 원칙으로 해야 할 것이지만, 너무나 그것에 구애되면 도리어 양심적인 고객의 마음을 거스르는 것이 되므로 객의 상황을 확인한 뒤에 쾌히 반품에 응대하는 것이 옳다.

② 반품 시 접객 : 반품은 판매의 실패가 아니라, 접객의 연속이다. 따라서 그 취급에 있어서는 평상시의 접객과 마찬가지로 고객 본위의 응대가 필요하며, 대체 판매한 뒤 반품 원인을 파악하고 처리해야 함.

50 판매지향적 사고와 고객지향적 사고

1. 판매지향적 사고와 고객지향적 사고의 차이

구분	시발점	초점	수단	목적
판매 지향적 사고	기업	제품	판매와 촉진활동	판매를 통한 기업이익
고객 지향적 사고	시장	고객	통합적 고객지향 활동 (전사적 마케팅)	고객만족을 통한 기업이익

* 판매 지향적 사고 : 제품 생산 이후에 관심
* 고객 지향적 사고 : 제품 생산 이전 및 이후에 관심

2. 마케팅 지향적 사고로의 전환

고객 지향적 사고를 전제로 하여 기업과 고객이 상호 접촉하는 과정에서 기업이 판매하는 제품 및 서비스 판매와 사용을 향상, 촉진시켜 주고 나아가서 고객의 만족을 통한 재판매 및 호의적인 구전 의사소통을 확보하기 위해서 기업이 사전에 결정된 최적 비용 - 서비스 믹스 범위 내에서 수행하는 모든 활동이다.

따라서 기업은 판매지향적 사고를 통한 1차적인 판매를 통한 기업이익을 극대화하기 위해 노력하지만 결국 고객지향적 사고를 통한 고객만족이 곧 기업의 이익을 창출된다는 점을 인식해야 한다.

제9장 고객관리

51. 고객의 정의 / CRM
52. 매슬로우(Maslow) 욕구단계 이론
53. 고객 심리(반응) 6단계
54. 고객 카드 활용
55. 고객만족(CS) 조사 3원칙
56. MOT(Moment Of Truth) 이해
57. 인사관리

51 고객의 정의 / CRM

1. 고객을 정의할 때 고객하고 이해관계에 있어서 상호보완적 관계 형성을 위한 경영기법으로 판단하여야 한다. 오늘날의 고객에 대한 개념 : 이해관계자(Stakeholder) 즉 자사의 성공과 발전에 직접적인 관계가 형성되는 모든 구성원을 말한다.

(예) 고객, 종업원, 주주, 협력업체, 하청업체, 지역사회, 정부 등

고객의 단순개념	고객의 확대개념	
사내고객	중간고객	최종고객

2. 고객의 역할

① 고객은 직접 찾아오든지 편지를 보내오든지 회사에서 가장 중요한 사람이다.

② 고객이 우리에게 의지하는 것이 아니라 우리가 고객에게 의지하고 있는 것이다.

③ 고객은 우리 일을 방해하는 것이 아니며, 그들이 우리 일의 목적이다.

④ 우리가 그들에게 서비스를 무조건 제공하는 것이 아니라 그들이 우리에게 서비스를 제공할 수 있는 기회를 주는 것이다.

⑤ 고객은 논쟁을 하거나 함께 겨룰수 있는 상대가 아니다. 누구도 고객과의 논쟁에서 이길 수 없다.

⑥ 고객은 우리에게 그가 원하는 것을 가르쳐 주는 사람으로 고객과 우리에게 이익이 되도록 일을 하는 것이 우리의 직무이다.

3. 고객 심리

① 보통 고객은 반드시 판매원에 대하여 경계심을 가지고 있다. 판매원에 대한 경계심 때문에 그들은 냉대하고, 저항하고, 거절하게 마련이므로, 이것을 다루어서 고객의 굳게 닫힌 마음의 문을 열게 해야 한다.

② 고객은 면접의 초기에 반드시 판매원을 평가한다. 판매원의 차림으로부터 몸짓을 관찰하여 시험하고 채점하기 때문에 여기에서 좋은 점수를 받을 수 있어야 한다.

③ 고객들은 자기의 이익을 생각하고 있다. 자기에게 플러스가 되는 일이라고 느끼게 될 것 같으면 반드시 관심을 가지고 나오게 될 것이므로 먼저 "이것이야말로 나에게 도움이 되는 이야기다."라는 인상을 주도록 노력해야 한다.

④ 고객들은 자기의 체면을 중하게 생각하고 타인으로부터 존경을 받고자 한다. 판매원은 이에 대응하여 그 자존심을 만족시켜 주도록 각별히 머리를 써야 할 것이다.

⑤ 고객은 신기한 것, 미지의 것에 뜰려 들어가게 마련이다. 판매원은 언제나 멋있는 배우, 능숙한 연출가로서의 신선한 어프로치를 하도록 하는 연구를 해야 한다. 판매원에게서 가장 무서운 것은 매너리즘에 빠지는 것이다. 항상 새로운 아이디어로 참신하게 어프로치 하는 판매원이 발전하는 판매원이다.3. CRM(Customer Relationship Management, 고객관계이론) : 기업이 고객과 관련된 내외부 자료를 분석·통합해 고객 중심 자원을 극대화하고 이를 토대로 고객특성에 맞게 마케팅 활동을 계획·지원·평가하는 과정이다.

4. 고객 특성

① 결단형 고객(Decisive Customer)
② 의구형 고객(Suspicious Customer)
③ 다혈질적 고객(Angry Customer)
④ 논쟁적 고객(Argumentative Customer)
⑤ 사실추구형 고객(Fact Finder Customer)
⑥ 내성적인 고객(Timid Customer)
⑦ 충동적 고객(Impulsive Customer)
⑧ 주저형(또는 自制型) 고객(Wavering Customer)
⑨ 연기형 고객(Procrastinating Customer)
⑩ 전가형 고객(Back-passing Customer)
⑪ 침묵형 고객(Silent Customer)
⑫ 오락형, 여가형 고객(Just Shopping Customer)

5. CRM의 특성은 다음과 같다.

① 고객들과의 장기적인 관계를 유지한다.
② 데이터베이스 마케팅을 적극적으로 활용한다.
③ 고객지향적이며, 쌍방향 커뮤니케이션이다.
④ 고객생애가치를 추구한다.

6. 20/80 또는 80/20법칙

이탈리아 경제학자 파레토(Vifredo Pareto)가 1895년에 발견했는데 이는 이탈리아 부의 80%가 상위 20%에 드는 사람들의 수중으로 들어간다는 추산치를 밝혀낸 것이다. 이런 현상은 유럽 전역에 해당되는 다른 국가에도 해당된다는 사실이 밝혀지기도 했다. 어느 업계를 막론하고 해당 업계부의 80%가 해당 업계의 상위 20%의 기업이나 조직의 수중으로 들어간다는 이야기다. 이런 얘기는 비단 업계뿐만 아니라 증시에서도 아래 보도자료처럼 기사화된 적이 있다.

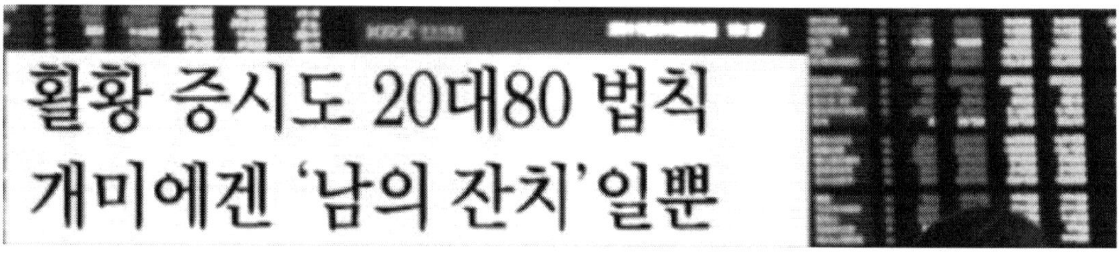

7. CRM 중요성

① 시장점유율보다는 고객점유율에 비중 : 기존고객 및 잠재고객을 대상으로 고객유지 및 이탈방지, 타 상품과의 연계판매(Cross-Sell)및 수익성이 높은 상품을 판매하기 위한 상승판매(Up-Sell) 등 1:1 마케팅 전략을 통해 고객 점유율을 높이는 전략이 필요하다.

② 고객획득보다는 고객유지에 중점 : 한 사람의 우수한 고객을 통해 기업의 수익성을 높이며, 이러한 우수한 고객을 유지하는 것에 중점을 두고 있다.

③ 제품판매보다는 고객관계(Customer Relationship)에 중점 : 기존의 마케팅 방향을 기업의 입장에서 제품을 생산한 것이었다면, CRM은 고객과의 관계를 기반으로 고객의 입장에서 상품을 만족하고, 고객의 니즈를 파악하여 그 고객이 원하는 제품을 공급하는 것이다.

52 매슬로우 욕구단계 이론

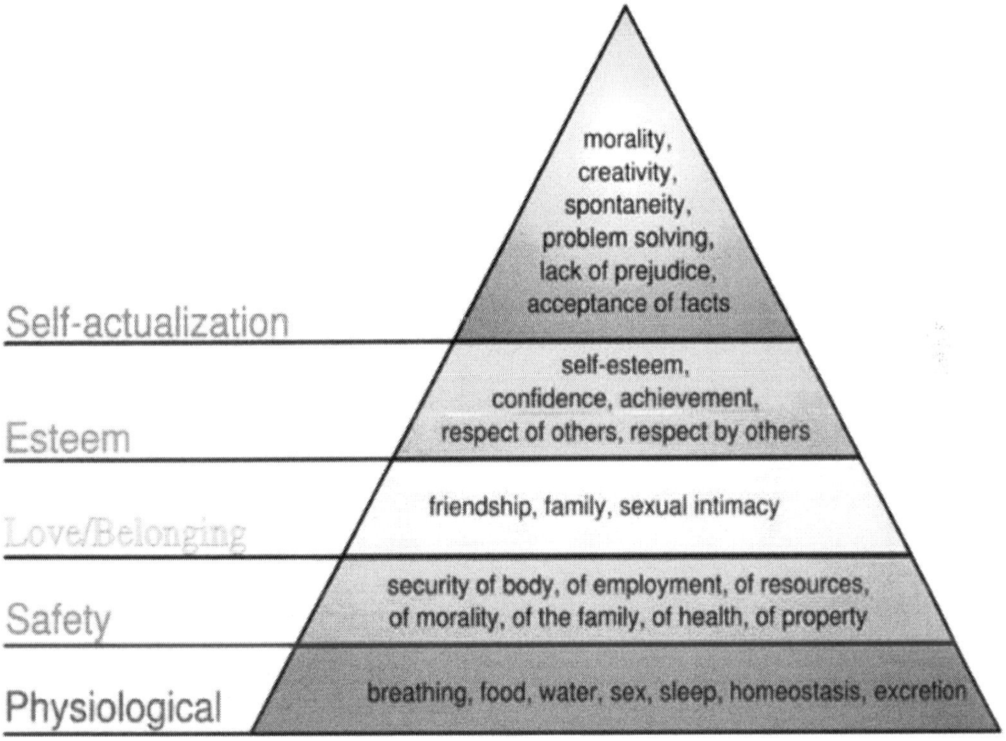

위 그림은 매슬로우[26] 욕구단계 이론[27]을 설명해놓은 것이다.

26) Abraham Harold Maslow(1908.4.1~1970.6.8.) 인본주의 심리학자로 매슬로는 뉴욕 브루클린(Brooklyn)에서 태어나고 자랐다. 러시아에서 이주해 온 유대인 집안의 7남매 중 장남이었는데, 그에 대한 부모님의 교육에 대한 열정이 높았다. 어린 시절 매슬로는 수줍음이 많고 소극적인 성격에 겁도 많았다. 선생님들과 친구들의 반유대주의 때문에 힘든 시간을 보내기도 하였다. 자기애적 성향이 강하고 흑인에 대한 편견에 사로잡혀 있던 어머니와는 적대적인 관계였다. 친구도 별로 없었기 때문에 자연스럽게 도서관에서 책에 묻혀 지냈다. 브루클린에서 가장 명분이었던 고등학교를 졸업하고, 부모의 권유로 뉴욕 시립대학을 들어가 법학을 전공한 매슬로는 흥미를 느끼지 못한 채 1927년 코넬대학교로 옮겼지만 성적이 별로 좋지 않아 한 학기만에 그만두었다. 이후 위스콘신대학교 대학원에 들어가서 심리학을 연구하였다. [출처] 상담학 사전, 2016. 01. 15., 김춘경, 이수연, 이윤주, 정종진, 최웅용

27) 출처: *La Cadenzahttp://blog.naver.com/junie883?Redirect=Log&logNo=220158219

53 고객 심리(반응) 6단계

1. 구매 행동을 일으키는 욕구

① 인간은 상품을 소유하고자 해서만 사는 것이 아니라, 욕망의 만족, 상품을 사용해서 얻는 이익 또는 상품의 소유에서 생기는 성과를 위하여 그것을 사는 것이다.

② 고객의 욕구는 소득, 생활수준, 취미, 지식, 교양, 가족 구성 그리고 직장이나 고객 자신의 성격에 따라 다르다.

③ AIO[28] 변수(행동, 관심, 사고) : 여러 가지 욕구를 가진 타입을 정량화하려는 사고방식의 하나이며, 그 자체 확률 이론상으로 보아 경향 예측 면에서 신빙성이 높은 기법이다.

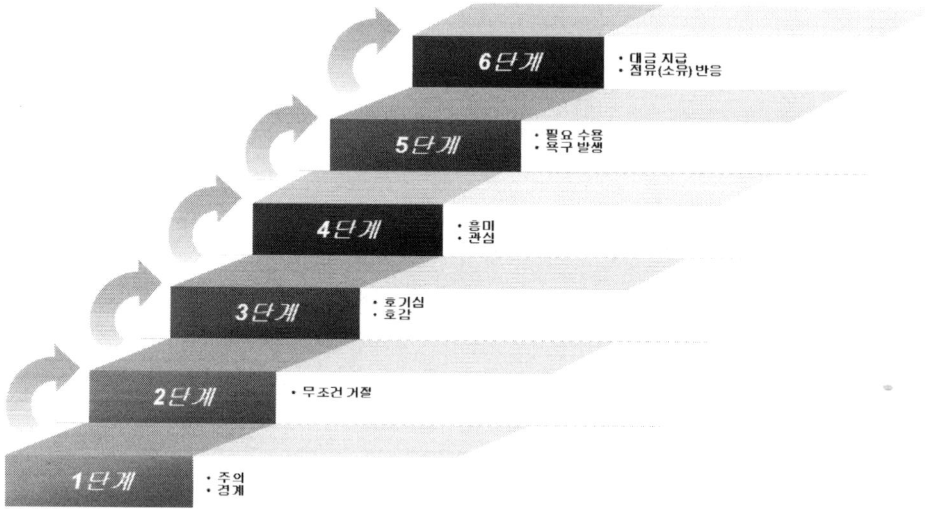

28) A(Action) : 소비자들의 직접적인 구매 행위, I(Interest) : 특정 대상 및 상품, 시대적 화제 등에 대한 지속적인 주의 또는 흥미, O(Opinion) : 소비자 주위의 환경과 자아판단을 비교하며 나타내는 의견

54 고객카드 활용

1. 고객 카드 기재 사항

① 주소 및 성명을 비롯한 직업이나 가족 구성 사항은 필히 기재

② 소유한 품목에 관해서 기재해야 한다. 예로 제품의 구입 시기, 제품명, 제품의 재구매 의사 정도 등

③ 고객이 앞으로 구입하려고 생각하고 있는 제품명

④ 고객의 취향이나 제품과 연관된 정보 등

2. 고객 카드 작성 시 유의사항

① 사용하기 쉬어야 한다.

② 장래를 생각하여 만들어져야 한다.

③ 추가로 기입 할 수 있어야 한다.

④ 모두가 사용할 수 있어야 한다.

⑤ 정확하게 기재되어야 한다.

⑥ 고객 이탈을 막는 고객에 대한 완전한 관리와 이들에 대한 대책 강구

3. 고객 카드의 활용과 이점

① 평소 방문 때 지참하여 활용, 구입 실적의 기록을 확실히 유지

② 고객 응대에서 판매원의 자산이 된다.

③ CRM 즉, 고객관리 차원에서 재방문 유도

④ 판매계획 및 실행력이 강화된다.

⑤ 기술이 향상된다.

55 고객만족(CS) 조사 3원칙

1, 고객만족(Customer Satisfaction)은 고객이 기업이나 가게의 행위에대하여 흡족하게 여김. 또는 기업이나 가게가 여러 행위를 하여 고객을 흡족하게 한다는 의미이다.

2. 고객만족 조사 3원칙

① 계속성의 원칙

㉠ 정기적으로 계속해서 실시

㉡ 비교기준 설정

㉢ 일정시기, 일정방법으로 조사

㉣ 시계열적변화 파악기능

② 정량성의 원칙

㉠ 조사결과를 숫자로 표현

㉡ 고객만족도 파악기능

㉢ 3점 ~ 5점 척도 사용

③ 정확성의 원칙

㉠ 조사 대상자의 선정방법

㉡ 조사항목이 경영실태를 충분히 조사할 수 있는 내용인지의 여부

㉢ 조사방법, 조사 담당자의 적절성

※ "100-1=0"의 원리는 고객과 100번의 접촉에서 1번의 불만족이 발생하면 그 결과는 99가 아니라 0가 된다.

56 MOT 이해

1. MOT(Moment Of Truth) 개념 : '결정의 순간'으로 직역할 수 있는데 스페인의 투우 용어인 'Moment De La Verdad'를 영어로 옮긴 것으로 스페인의 마케팅 학자인 리차드 노먼이 서비스 품질관리에 처음 사용하였다.[29) 원래 이 말은 투우사가 소의 급소를 찌르는 순간을 말하는데, '피하려 해도 피할 수 없는 순간' 또는 '실패가 허용되지 않는 매우 중요한 순간'을 의미한다. 현대에서 MOT는 Moments of Truth, '진실의 순간', '결정적 순간'이라는 말로 사용된다. 즉, 고객이 기업조직의 어떤 한 측면과 접촉하는 순간이며, 그 서비스의 품질에 관하여 무언가 인상을 얻을 수 있는 순간이다. 따라서 고객이 서비스 상품을 구매하기 위해서는 들어올 때부터 나갈 때가지 여러 서비스요원과 몇 번의 짧은 순간을 경험하게 되는데, 그때마다 서비스 요원은 모든 역량을 동원하여 고객을 만족시켜주어야 하는 것이다.

2. MOT 개념을 도입하여 성공을 거둔 사람은 스카디나비아 에어라인시스템(SAS)항공사의 사장 얀 칼슨(Jan Carlzon)이다.

1970년대 말 석유파동으로 인해 세계 항공업계는 큰 시련을 맞이하였다. 17년간 연속해서 흑자를 기록하였던 스칸디나비아항공에서도 1979년과 1980년 사이의 2년 동안에 3,000만 달러의 적자가 누적되었다. 이러한 위기 가운데 39세의 얀 칼슨이 이 항공사의 사장으로 취임하였다.
고객이 직원들과 접하는 처음 15초 동안의 짧은 순간이 회사의 이미지, 나아가 사업의 성공을 좌우한다고 강조한 칼슨 사장은 1년만에 적자를 흑자로 바꾸었

29) [출처] 스칸디나비아 항공 MOT마케팅, 작성자 와이티

다. 뿐만 아니라 스칸디나비아항공은 1983년도 '올해의 최우수 항공사'로, 1986년에는 '고객서비스 최우수 항공사'로 선정되었다. 스칸디나비아 항공이 단숨에 위기를 극복하고 최우수항공사로 도약한 비결은 무엇일까?

얀 칼슨은 직원과 고객이 평균적으로 15초의 접대 시간을 가지며 이 15초의 순간이 항공사 전체의 이미지, 나아가 기업의 성패를 좌우한다고 판단하였다. 예를 들어 승객이 일 순간 더러운 트레이를 발견한다면, 항공기가 불결하다고 생각하게 되고, 나아가 항공사 전체가 이용하기 싫게 느껴진다는 것이 그의 생각이었다.

[출처] 스칸디나비아 항공 MOT마케팅|작성자 와이티

3. 커뮤니케이션(Communication)

언어 · 몸짓 등의 물질적 기호를 매개수단으로 하는 정신적 · 심리적인 전달 교류를 말한다. 커뮤니케이션의 필요성은 다음과 같다.

① 정보량의 비약적인 증대 : 기업경영 활동으로 조직에 유입 · 유출되는 정보량이 비약적으로 증대, 조직구성원은 유입된 정보의 신속한 활용과 정보의 정확한 선별을 위해 역할을 수행해야 한다

② 분화현상의 가속화 : 조직구성원의 직무범위와 업무영역이 명확하게 확정되어 있으므로 조직구성원 간의 의사소통이 필요하게 되었다.

③ 의사소통의 증대 : 커뮤니케이션이란 보내는 사람과 받는 사람 간의 상호작용이므로 상대방에게 책임을 일방적으로 전가시키는 것은 바람직하지 않다. 원활한 커뮤니케이션은 보내는 사람과 받는 사람이 서로 그 책임을 일부 맡아서 이루어진다.

57 인사관리

1. 인사관리 개념 : 조직에 부합되는 인원에 대한 채용, 승진, 교육, 보수 재분야에 대한 것을 의미한다. 인사관리의 핵심은 직무분석을 통한 조직원의 능력 향상, 조직 목표 달성해야 하는 것이 목적이며 실제수행법, 관찰법, 면접법, 설문지법, 중요사건법, 작업기록법 등으로 인사관리를 운영한다. 직무평가 / 직무설계 ⇒ 개인 · 기업 목표 융합, 재설계

2. 인사 고과란 해당 기업 내에서 근무하는 직원들의 수행평가를 말하며 보통 인사 평점, 근무평점으로 분류를 통하여 평가를 실시한다.

3. 인적 자원 활용 및 선발

기업은 인적 자원을 활용 및 모집 방법을 구체화해야 하며 임금 관리(보수 규정 또는 취업규칙), 기본급 정립을 통해 선발하여야 한다.

4. 인적 자원 관리(HRM[30]) 개념

① 회사 내부의 인적 자원 관리는 정원, 평가, 관리의 측면에서 계획적 · 규칙적으로 적용하여 관리한다.

② 인적 자원 관리의 목표관리법 : 조직내 상 · 하 부서(부하) 목표 설정, 평가 정도 근거(재평가)에 의하여 목표를 제시하고 관리한다.

---

30) Human Resources Management의 약자로 인적자원관리를 뜻한다. Human Resources Management의 약자로 인적자원관리를 뜻한다. 회사 내의 인원배치, 평가제도, 인사관리 업무 등을 계획적이고 조직적으로 다루며 평가제도 등의 체계를 만들어 영향력을 행사한다.[출처] HRM (시사경제용어사전, 2017. 11. 기획재정부)

기출문제 100

1. 유통의 본원적인 기능은 상품 및 서비스를 생산자로부터 소비자에게 이동시키는 것이다. 이에 대한 설명으로 잘못된 것은?

① 현대의 유통구조를 살펴보면 '영세한 점포가 너무 많지 않은가?', '제도적인 측면이 떨어져 있지 않은가?' 라는 비판이 있다.

② 유통기구는 도매업자와 소매업자 등의 경쟁, 충돌 관계 혹은 협조 관계를 수반하면서 사회적인 유통기구가 형성되는 것이다.

③ 유통에서 정보통신 기능은 상품의 공급에 관한 정보는 상품 흐름 방향으로 향하고, 상품의 수요에 관한 정보 역시 마찬가지로 향하게 된다.

④ 유통은 여러 가지의 사회적 기능을 수행하고 있는데, 매매기능, 보관기능, 운송기능, 금융기능, 보험기능, 정보통신 등의 기능을 수행함으로써 사회적 역할을 충실히 수행하고 있다.

⑤ 소비자 욕구의 다양화로 이에 대응하고자 하는 유통기업이 상품의 판매방법, 가격 그리고 제공하는 서비스 등을 다른 기업과 차별화하고자 하는 경향이 증가하고 있기 때문에 '업태개념'에 입각한 유통업의 분류가 점차 중시되고 있다.

[정답] ③

일반적으로 생산 단계에서 산출된 재화가 최종의 소비자에게 전달되기까지의 과정을 유통경로라고 하며, 이러한 과정을 정태적 상태에서 바라보는 것을 유통이라고 한다. 유통경로에서 상품의 공급에 관한 정보는 상품 흐름 방향으로 향하고, 상품의 수요에 관한 정보는 그것과는 반대로 향하게 된다.

2. 다음 중에서 온라인 소매업(무점포 소매업)이 활성화되면서 점포소매상들이 보이는 변화 양상에 대한 설명과 가장 거리가 먼 것은?

① 온라인 채널도 병행하는 하이브리드 유통 채널을 활용한다.

② 종업원 및 종사원의 전문성 교육 강화를 통해 대고객 서비스를 향상시켜 나가고 있다.

③ 점포내에서의 분위기 창출 등을 통해 쇼핑의 즐거움을 더욱 중시하고 있다.

④ 고객들과의 커뮤니케이션이 손속하고 다양하게 이루어지는 효과가 있다.

⑤ 온라인 유통 채널 도입 초기의 우호적이었던 입장에서 대립적인 입장으로 급격히 변화하고 있다.

[정답] ⑤
온라인 소매업(무점포소매업)이 활성화되면서 오프라인 소매업(유점포소매상)들의 관계는 크게 변화가 없다. 물론 직접적인 경쟁은 있지만 유통경로를 가지고는 크게 대립을 하지 않는다.

3. 상호 분업(分業)의 원리로써 참여한다면 보다 사회적 경제성과 능률성을 제고시킬 수 있다는 원칙을 무엇이라 하는가?
① 총거래수 최소의 원칙 ② 분업의 원칙 ③ 변동비 우위의 원칙
④ 집중 준비의 원칙 ⑤ 규모의 경제원칙
[정답] ②
분업의 원칙은 유통업에서도 제조업에서와 같이 유통경로상 수행되는 수급조절. 수송 및 배송, 보관, 위험부담 및 정보수집 등을 생산자와 유통기관이 상호 분업(分業)의 원리로써 참여한다면 보다 사회적 경제성과 능률성을 제고시킬 수 있다는 원칙이다.
① 총거래수 최소의 원칙 : 생산자로부터 소비자에게 전달되는 유통경로 상에 중간상이 개입함으로써 거래수가 결과적으로 단순화 및 통합화되어 실질적인 거래수와 거래비용이 감소하게 된다. 중간상이 참여는 생산자와 소비자 간의 직접거래에 비해 거래수및 거래비용을 낮추는 효과가 있다.
③ 변동비 우위의 원칙 : 제조업체에서는 고정비와 변동비를 구분할 때 고정비가 차지하는 비중이 변동비보다 크기 때문에 생산량이 증가할수록 단위당 생산비용이 감소하는 규모의 경제에는 유리하다.
④ 집중 준비의 원칙 : 유통경로상에 가능하면 많은 수의 도매상을 개입시킴으로써 각 경로 구성원에 의해 보관되는 제품의 수량이 감소될 수 있다는 원리로 도매상의 존재 가능성을 부각시킴.
⑤ 규모의 경제원칙 : 규모의 경제는 각종 생산요소를 투입하는 양을 증가시킴으로써 발생하는 이익이 증가되는 현상이다. 일반적으로는 대량생산을 통해 단위당 들어가는 비용을 절감하여 이익을 늘리는 것을 목적으로 하지만, 최근은 특히 설비를 증강하여 생산비를 절감하는 것에 목적을 둔다. 이때 대량생산이 아니라 기술혁신을 통해 이익을 증대가 완성되는 것을 '규모의 이익'이라고 한다.

4. 유통기업의 다각화전략은 기업을 둘러싸고 있는 환경의 변화가 격심해짐에 따라 그 필요성이 더욱 증대되고 있다. 다음 중 유통기업의 다각화전략의 동기와 거리가 가장 먼 것은?

① 기존의 사업을 수행하는 과정에서 발생하는 부산물을 유용하게 활용하고자 하는 욕구

② 기존사업의 성장이 둔화되거나 점차 쇠퇴해 감에 따라 새로운 사업분야로 진출할 필요성 대두

③ 기업이 다양한 사업 분야에 진출함으로써 기업 경영상의 유연성 제고와 사업의 포트폴리오 추구

④ 기업이 보유한 경영자원의 희소성을 극복하고자 하는 욕구

⑤ 다각화는 개별 사업부문의 경기순환에서 오는 위험을 분산시킬 수 있는 수난이 되기 때문

[정답] ④

기업이 보유한 경여자원의희소성을 극복하고자 하는 욕구 때문이라면 다각화 보다는 집중화전략이더 적합할 것이다.

5. 다음 중 전문양판점으로도 불리며 대중양판점과 전문점의 특징을 혼합하여 한 가지 상품군을 깊게 취급하여 가격을 낮춘 소매업태를 무엇이라고 하는가?

① 팩토리 아웃렛　　② 하이퍼마켓

③ 회원제 창고형 도소매 점포　　④ 카테고리킬러

⑤ 회원제 창고점

[정답] ④

카테고리킬러(CK : Category Killer)는 전문품할인점(SD : Special Discount Store)이라고도 하는데, 한 가지(또는 한정된) 상품군을깊게 취급하며 할인점보다 훨씬 저렴한 가격으로 판매하는 소매업태를 말한다

6. 다음 중 소매업 수레바퀴 가설(The Wheel of Retailing Hypothesis)의 내용이다. 잘못 설명하고 있는 것은?

① 혁신적 소매상은 시장진입 초기에 저가격, 저마진, 저서비스의 가격소구 방식으

로 소매시장에 진입하여 기존의 고가격, 고마진, 높은 서비스의 다른 소비업태와 경쟁한다.

② 성공적인 시장진입 후 동일 유형의 소매점 사이의 경쟁이 격화됨으로써 경쟁적 우위를 확보하기 위하여 보다 세련된 설비와 서비스를 더해 감에 따라 고비용, 고가격, 높은 서비스의 소매점으로 전환된다.

③ 소매환경의 변화는 새로운 유형의 혁신적인 소매점이 저가격, 저마진, 낮은 서비스로 시장에 진입할 수 있는 여지를 제공하게 되고, 이 새로운 유형의 소매점 역시 위와 동일한 패턴을 따르게 된다는 것이다.

④ 백화점과 같은 고급 점포나 자동판매기 같은 고마진 및 고가격을 추구하는 새로운 소매상에 대하여도 충분한 설명이 가능하다.

⑤ 수레바퀴가설에 부합하는 업태는 TV홈쇼핑, 회원제 창고형 소매점, 인터넷 전자상거래, 카테고리킬러형 전문점 등이 있다.

[정답] ④

수레바퀴 가설을 단점 1. 비용 개념만을 중심으로 설명하기 때문에 백화점과 같은 고급 점포나 자동판매기 같은 고마진및 고가격을 추구하는 새로운 소매상에 대하여는 충분히 설명할 수 없다. 2. 혁신적인 소매상이 언제 또는 어떤 속도로 발전할 것인지를 예측할 수 없다. 3. 유통 후진국의 경우 유통 선진국에서 다양한 업태가 시대를 무시하고 무차별하게 도입되어 소매 변천과정을 순서대로 설명하기 어렵다.

7. 소매 수명주기 이론(Retail Life Cycle Theory)은 한 소매기관이 출현하여 사라지기까지의 전 과정을 말한다. 이러한 이론에 대한 설명으로 옳지 않은 것은?

① 점포 설비의 비용 회수나 규모의 경제를 실현할 만큼 매출액이 증가하지 못하고, 말기에 가서야 겨우 이익이 조금씩 증가하는 단계를 도입기라 한다.

② 성장기는 소매상의 매출액과 이익률이 급속히 증가하며, 이러한 시기를 급성장기라고도 한다.

③ 성장기에는 벤치마킹, 다운사이징, 리스트럭처링, 리엔지니어링을 위한 새로운 경영기법을 구사하여야 한다.

④ 쇠퇴기에는 혁신적인 신업태의 장점을 도입하거나 창안하지 못하면 그 기업은 쇠퇴할 수밖에 없게 된다.

⑤ 소매수명주기 이론은 새로운 소매형태가 시장에 도입된 이후에 시간이 흘러감에 따라 제품수명주기와 같은 도입기, 성장기, 성숙기, 쇠퇴기를 거치는 현상을 설명하는 것이다.
[정답] ③
성숙기에는 시장점유율이 최대로 되지만 조직의 비대화로 인해 통제상 애로점이 발생하고, 새로운 혁신적인 소매 업태가 도입되어 경쟁이 격화됨으로써 이익을 계속 감소하게 된다. 따라서 기존의 소매 업태는 생존을 위한 새로운 혁신적인 조직을 도입(예 : 벤치마킹, 다운사이징, 리스트럭처링, 리엔지니어링 등)을 위한 새로운 경영기법을 구사하여야 한다.

8. 백화점(Department Store)이란 하나의 매장 내에 일괄구매와 비교가 가능하도록 상품 부분별로 구색을 갖추어 진열, 판매하는 대규모 소매업태를 뜻한다. 이러한 백화점에 대한 설명으로 가장 옳은 것은?
① 각 도시의 번화한 지구에 점포를 설립하고, 판매하는 상품은 가맹본부(加盟本部)에서 일괄적으로 구매를 담당한다.
② 선매품(先賣品)을 중심으로 편의품에서 전문품에 이르기까지 다양한 상품 구색을 갖추고 대면(對面) 판매를 중심으로 한다.
③ 생산자나 도매상으로부터 상품을 저가로 대량 구매하여 초저가로 판매하고, 셀프서비스와 현금정찰제의 고회전주의를 고수하는 특징을 지니고 있다.
④ 강력한 매일저가정책(EDLP)을 추구하며, 주요 특징으로는 비식품류의 취급, 회전이 빠른 상품의 취급, 대량판매, 저가격, 최소한의 고객서비스, 최대한의 경비절감 등을 들 수 있다.
⑤ 주요 특징으로는 비식품류의 취급, 회전이 빠른 상품의 취급, 대량판매, 저가격, 최소한의 고객서비스, 최대한의 경비절감 등을 들 수 있다.
[정답] ②
백화점의 특징 1. 하나의 매장 내에 일괄구매와 비교가 가능하도록 상품 부문별로 구색을 갖추어 진열, 판매하는 대규모 소매업태 2. 통합적인 대규모 소매상으로는 가장 오래된 소매기관 3. 선매품을 중심으로 편의품에서 전문품에이르기까지 다양한 상품 구색을 갖추고 대면 판매, 현금 및 신용에 의한 정찰판매 그리고 풍부한

인적 · 물적 서비스를 제공함으로써 판매 활동을 전개하는 상품 계열별 · 부문적으로 조직화된 대형 소매상임.

9. 무점포 소매상은 비교적 최근에 도입되고 있는 소매업태이지만 교통난, 맞벌이 등으로 쇼핑시간의 여유가 없는 소미자들에게 시간을 절약해 주는 효용을 제공해 주며 소매업자 입장에서는 무점포이므로 점포 비용이 절감되며, 입지조건에 관계없이 목표고객에게 접근 가능하고, 고객의 잠재 수요를 자극할 수 있는 이점을 가진다. 이러한 무점포 소매상의 종류로 볼 수 없는 것은?
① 직접판매(Direct Selling) ② 자동판매기(Automatic Vending)
③ 카탈로그판매(Catalog Marketing) ④ 카테고리 킬러(Category Killer)
⑤ 홈쇼핑(Television Marketing)
[정답] ④
특정한 상품계열에서 전문점과 같은 상품구색을 갖추고 저렴하게 판매하는 일종의 전문품할인점또는 전문 양판점이라 부르고 있다. 주요 특징은 소비자의 라이프스타일 변화에 따라 기존 종합 소매상 취급품목 중 특정 제품 계열에서 전문점과 같은 깊은 상품구색을 갖추고 저렴하게 판매하는 것으로, 대량구매와 대량판매 그리고 낮은 비용으로 저렴한 상품 가격을 제시한다.

10. 한정기능 도매상(Limited-service Wholesaler)은 도매상이 제공할 수 있는 여러 가지 기능 중에서 몇 가지의 도매 기능을 특화하여 수행하는 도매상이다. 이에 해당하지 않는 것은?
① 현금무배달 도매상은 현금으로 거래하며 수송서비스를 제공해 주지 않기 때문에 구매자(소매상)가 직접 운송해 가는 것을 원칙으로 한다.
② 한정상품 도매상은 서로 관련성이 있는 철물이나 가구처럼 어느 정도 연관성이 있는 상위의 제품들을 몇 가지 동시에 취급하는 도매상이다.
③ 직송 도매상은 제품에 대한 소유권을 갖고 제조업자로부터 제품을 취득하여 소매상에게 바로 직송하는 도매상이다.
④ 프랜차이즈 도매상은 소매상들에게 브랜드와 독특한 점포 디자인을 사용할 수 있는 권리를 제공하면서 가맹계약을 체결한 도매상이다.

⑤ 진열장 도매상은 소매상들에게 매출비중이 높지 않으면서 회전율이 높은 캔디, 껌, 건강미용 용품 등을 판매하며 소매 점포까지 직접 트럭배달을 해주면서 소매상을 대신하여 진열대에 진열하거나 재고를 관리해주는 도매상이다.

[정답] ②

한정상품 도매상은 완전기능 도매상(Full-Service Wholesaler)이다. 도매상이 할 수 있는 모든 기능과 서비스를 제공하고, 자사의 창고를 이용하여 저장하면서 보관과 출하시기를 조절하기도 하며, 신용을 제공하거나 주문에 대한 배달서비스까지 수행한다. 또한 자체상표를 사용하고 재포장이나 마킹과같은 유통서비스를 추가적으로 수행하기도 한다.

11. 프랜차이즈 시스템은 프랜차이저(Franchisor)가 프랜차이지(Franchisee)에게 프랜차이저의 상호, 상표, 노하우 및 기타 기업의 운영방식을 사용하여 제품이나 서비스를 판매할 수 있도록 허가하는 것을 말한다. 이러한 프랜차이즈 시스템에 대한 설명으로 잘못된 것은?

① 프랜차이저는 계약의 주체로서 프랜차이지를 모집하여 사업을 수행하는 역할을 하며, 프랜차이지를 선정하여 특정 지역마다 사업의 동반자 혹은 대리인으로 영업할 권한을 허용해준다.

② 프랜차이저와 자본을 달리하는 독립사업자인 프랜차이지가 서로 협력하는 형태로서 본부와 가맹점 간에는 계약된 범위 내에서만 서로 통제하거나 특정한 요구를 수행하는 특징이 있다.

③ 프랜차이지는 프랜차이저의 상호 등을 사용하는 권한을 갖기 위해 가입금, 보증금, 로열티 등을 지불하고, 프랜차이저의 경영지도와 지원으로 양 간의 계속적인 관계가 유지된다.

④ 프랜차이즈의 분권적 시스템은 노동자들의 기업에 대한 극한적인 대립심을 약화시키지만, 프랜차이저는 노동자 집단의 간접인 대화 창구로 보일 수 있어서 노사분규 등의 위험부담을 증가시킬 수 있다.

⑤ 프랜차이즈 시스템 운영에 있어서 프랜차이즈 본부는 프랜차이즈 가맹점뿐만 아니라 직영점을 운영할 수 있으며, 각자의 수를 적절히 조절하거나 각각의 경영성과를 비교하여 경로구조의 조정을 시도하는 것이 법적으로 허용된다.

[정답] ④

프랜차이저의분권적 시스템은 노동자들의 기업에 대한 극한적인 대립심을약화시켜 프랜차이저는노동자 집단의 간접적인 대화 창구로 보일 수 있어서 오히려 노사분규 등의 위험부담을 줄일 수 있다.

12. 다음의 내용에서 QR(Quick Response)에 대한 옳은 설명만 나열된 것을 고르시오?

가. 서로 떨어져 있는 기업과 부서간의 물류정보가 실시간으로 전달된다. 나. 시장수요에 신속하게 대응하여 기업경쟁력을 향상시킨다. 다. 공급사슬에서 재고를 쌓이게 하는 요소를 제거한다. 라. 품질을 증가시킬 수 있는 정보를 조기에 획득할 수 있다. 마. QR 을 사용함으로써 누적 리드타임이 감소하게 된다. 바. 고객요구에 대한 반응시간을 길게 만드는 요인을 제거한다.

① 가, 다, 라, 마 ② 나, 다, 라, 마 ③ 가, 다, 라, 바
④ 나, 다, 라, 바 ⑤ 나, 다, 마, 바

[정답] ⑤

QR(Quick Response)소비자의 만족을 극대화하기 위해 제조업자와 공급업자및 운송업자들의 긴밀한 협조관계를 유지하여 시장수요에 신속하게 대응하여 기업경쟁력을 향상하고, 공급사슬에서 재고를 쌓이게 하는 요소를 제거하기 위해서도 필요한 시스템이다.

13. 물류의 판매기능은 촉진에 대한 기능이라고 볼 수 있다. 물류의 원칙에는 3S1L 원칙과 7R's 원칙이 있다. 신속하게(speedy), 확실하게(surely), 안전하게(safely), 싸게(low)의 3S1L 원칙 중 싸게(low) 원칙과 유사한 기능을 가진 7R's 원칙은?

① 좋은 제품(right commodity) ② 적당한 가격(right price)
③ 좋은 품질(right quality) ④ 정량(right quantity)
⑤ 적절한 인상(right impression)

[정답] ②

14. 물적유통의 일반적 개념은 모든 유통경로상에 있어서 제품과 서비스(Goods & Service)를 정해진 장소에, 정해진 시간에, 정해진 품질로 중간상 및 최종소비자에게 전달되는 것을 말한다. 이러한 물류의 설명으로 잘못된 것은?

① 기업에서 차지하는 비용 중에서 물류비용이 차지하는 비용의 비중이 매우 작을 뿐만 아니라 점점 감소하고 있다.

② 물적 유통(physical distribution, Logistics)은 제조업자에서부터 최종소비자에 이르기까지 제품이나 서비스의 흐름을 관리하는 것을 의미한다.

③ 물적 유통은 소비자의 욕구를 충족시키기 위하여 원초지점부터 소비지점까지 원자재, 중간재, 완성재 그리고 각종 관련 정보를 이동시키는 것과 관련된 흐름과 저장을 효율적이면서 효과적으로 계획, 수행, 통제하는 과정이다.

④ 물적 유통은 유형적이거나 무형적인 모든 재화에 대하여 공급자나 생산자로부터 최종소비자 및 수요자에 이르는 실물의 흐름이다.

⑤ 물류시설은 주요 기능에 따라 일반적으로 크게 보관센터(ST : stock center), 환적센터(TC : transshipment center), 배송센터(DC : distribution center) 등으로 구분할 수 있다.

[정답] ①

기업에서 차지하는 비용 중에서 물류비용이 차지하는 비용의 비중이 매우 클 뿐만 아니라 점점 증가하고 있다는 면에서 관리상의 중요성이 증가하고 있다. 물적 유통망 구조가 잘 갖추어진 선진구에서도 물류가 총 생산의 25% 정도가 될 만큼 물류비의비중이 짐짐 더 커지고 있다.

15. 다음 내용은 풀 마케팅 전략(pull marketing strategy)과 푸시 마케팅(push marketing strategy) 에 관한 설명들이다. 올바르지 않은 설명 내용은?

① pull marketing strategy 의 경우 막대한 광고와 매스마케팅을 위한 고정비용이 유발됨으로 대형브랜드에 더욱 적합하다.

② 푸시 전략을 쓸 경우 비용이 대체로 변동비 성격을 갖는다. 즉 마케팅비용이 판매물량과 거래하는 소매매장의 수와 비례한다.

③ 특화된 (전문) 소매업체가 이미 소규모의 특수고객집단을 목표로 하고 있는 경우 푸시전략이 더욱 유리하다.
④ 잘 알려지지 않은 브랜드의 제품을 손님이 많이 드나드는 유통매장을 통해 고객 앞으로 밀어내는 것을 푸시 마케팅(push marketing) 이라고 한다.
⑤ 풀 마케팅을 하는 제조업체는 유통가격을 결정하는 데 있어 푸시 브랜드만큼의 주도권을 가질 수 없다.
제조업체가 유통가격을 결정하는 있어 푸시가풀 브랜드 보다 유리한 측면이 있지만 풀 마케팅 전략을 추구하는 기업이라면 풀이 더 유리하다.
[정답] ⑤

16. 다음 중 물류 공동화 의의에 대한 설명으로 옳지 않은 것은?
① 고객의 제품 수주에서부터 판매되기까지의 물류를 주문, 제품의 수집, 운송, 집하(보관), 배송기능으로 분류하여야 한다. 수집에서 배송까지의 수행주체와 물류기능의 조합에 따라 물류 공동화 방안을 유형화하여야 한다.
② 물류 공동화는 자사의 물류 시스템과 타사의 물류 시스템이 다른 지역과 이종업종을 중심으로 공유되는 것을 말한다.
③ 물류 공동화는 물류비용의 절감을 위하여 자사의 물류시스템을 타사의 물류 시스템과 연계시켜 하나의 시스템으로 운영하는 것을 말한다.
④ 물류 공동화는 수 · 배송의 효율화를 높이고 비용을 절감하기 위해 동일지역이나 동종업종을 중심으로 노동력, 수송수단, 보관설비, 정보시스템 등 물류시설을 2인 이상이 공동으로 설치하고 이용 · 관리하는 것을 말한다.
⑤ 공동으로 행하기 때문에 동일지역에 함께 배송하므로 중복 교차를 방지할 수 있고, 소규모의 화물차와 투자로도 합리적인 배송과 수송이 가능하며 개별배달에 비하여 필요한 차량의 숫자를 줄일 수 있다.
[정답] ②
물류 공동화를 위한 전제조건으로는 다른 회사와 물류 공동화를 위해서 자사의 물류 시스템을 완전히 개방하여야 하고, 표준적인 물류심벌 및 업체 통일전표와 외부와 교환이 가능한 팔레트를 사용해야 한다. 또한 명확하게 서비스 내용을 표준화시켜야 하며, 통일된 회계기준에 근거하여 물류비를명확하게 산정하고 체계화하여야

한다. 따라서 물류 공동화는 자사의 물류 시스템과 타사의 물류 시스템이 동일지역과 동일업종을 중심으로 공유되는 것을 말한다.

17. 『유통산업 발전법』 은 유통산업의 효율적인 진흥과 균형 있는 발전을 꾀하고, 건전한 상거래 질서를 세움으로써 소비자를 보호하고 국민 경제의 발전에 이바지함을 목적으로 한다. 다음 중 이에 대한 용어로서 옳지 않은 것은?

① 매장은 상품의 판매와 이를 지원하는 용역의 제공에 직접 사용되는 장소를 말한다. 이 경우 매장에 포함되는 용역의 제공 장소의 범위는 대통령령으로 정한다.

② 대규모 점포는 하나 이상이 연접되어 있는 건물 안에 하나 또는 여러 개로 나누어 설치되는 매장이며, 일시적으로 운영되는 매장을 포함한다.

③ 전문상가 단지는 같은 업종을 영위하는 여러 도매업자 또는 소매업자가 일정 지역에 점포 및 부대시설 등을 집단으로 설치하여 만든 상가 단지를 말한다.

④ 무점포 판매는 상시 운영되는 매장을 가진 점포를 두지 아니하고 상품을 판매하는 것으로 지식경제부령이 정하는 것을 말한다.

⑤ 공동 집 · 배송 센터라 함은 여러 유통사업자 또는 제조업자가 공동으로 사용할 수 있도록 집 · 배송 시설 및 부대 업무시설이 설치되어 있는 지역 및 시설물을 말한다.

[정답] ②

대규모 점포는 다음의 요건을 갖춘 매장을 보유한 점포의 집단으로서 대통령령이 정하는 것을 말한다(유통산업발전법제2조 제3호)

1.하나 또는 2이상의 연접되어 있는 건물 안에 하나 또는 여러 개로 나누어 설치되는 매장일 것

2.상시 운영되는 매장일 것

3.매장 면적이 합계가 3천 제곱미터이상일 것

18. 다음은 유통경로에 대한 설명이다. 바른 설명을 모두 고른 것은?

- 보기 -

ㄱ. 유통경로의 구성원들은 재화를 수송운반, 저장하며 정보수집 및 쌍방향으로 정보를 교환한다.
ㄴ. 중간상들은 생산자가 생산한 제품의 구색을 소비자가 원하는 구색으로 전환시켜주는 기능을 한다.
ㄷ. 유통경로의 길이 (length)는 생산자와 구매자 사이에 개입하는 중간상 수준(level)의 수를 의미한다.
ㄹ. 유통경로에서 제공되는 서비스나 아이디어는 소비자나 중간상뿐만 아니라 상품 생산자들에게도 중요하다.
ㅁ. 유통경로 과정 중 도매상·중간상 등의 동일한 단계에서 발생하는 갈등을 수직적갈등이라 말하며, 이러한 갈등은 자신들이 추구하는 목적이 서로 상이하기 때문에 발생하게 된다.

① ㄱ ② ㄱ,ㄴ ③ ㄱ,ㄴ,ㄷ ④ ㄱ,ㄴ,ㄷ,ㄹ ⑤ ㄱ,ㄴ,ㄷ,ㄹ,ㅁ
[정답] ④

19. 다음 중 중간상의 필요원칙에 해당되지 않는 원칙은?
① 거래수가 결과적으로 단순화-통합화되어 실질적인 거래 비용이 감소하게 된다.
② 유통경로 상 수행되는 수급조절, 수-배송, 보관, 위험부담 및 정보수집 등을 생산자와 유통기관이 상호 분업의 원리가 필요하다.
③ 소매상은 소량의 적정량만을 보관함으로써 원활한 유통기능을 수행할 수 있다는 원칙도 있다.
④ 유통업체에서는 고정비와 변동비를 구분할 때 고정비(fixed cost)가 차지하는 비중이 변동비(variable cost)보다 크기 때문이다.
⑤ 분업의 원리에 비추어 유통경로에서 다양하게 수행되는 기능들(수급조절 기능, 보관 기능, 위험부담 기능, 정보 수집 기능 등)을 제조기업보다 더욱 전문성을 갖춘 유통 기업에게 맡김으로써 경제적일 수 있다.
[정답] ④

20. 유통경로는 다양하게 존재한다. 다음 중 직접 판매기법에 의해 판매하는 제품

들의 경우에 적합한 유형은?

① 생산자 → 최종 소비자

② 생산자 → 소매상 → 최종 소비자

③ 생산자 → 도매상 → 최종 소비자

④ 생산자 → 도매상 → 소매상 → 최종 소비자

⑤ 생산자 → 대리상 → 도매상 → 소매상 →최종 소비자

[정답] ①

21. 다음 중 카테고리 매니지먼트(CM) 의 필요성이 점차 커지게 된 배경으로 가장 거리가 먼 것은?

① 매장 차별화를 통한 고객 유치의 필요성이 높아졌기 때문에

② 늘어나는 신제품의 출현으로 과학적 방법에 의한 공간 할당 및 제품믹스의 필요성이 높아졌기 때문에

③ 유통경로 상에서 경로구성원 사이의 카테고리 경쟁과 갈등이 심화되었기 때문에

④ 효율적인 머천다이징을 도모하면서 불필요한 과정을 제거할 필요성이 높아졌기 때문에

[정답] ③

CM은 매장의 상품관리 대상을 상품의 물적 특성을 기초로 한 단품에서소비자의 요구를 기초로 한 상품 카테고리로 변형 확대한 것으로서, 매장은 이러한 관리기법을 전략적 사업단위로 삼아 생산성을 높이고 효율적으로 매출이나 이익을 올리고자 한다.

22. 유통업계는 물류비 절감을 위한 방안으로 물류기능을 외부에 맡겨 처리하는 아웃소싱을 보다 적극적으로 활용한다. 다음 중 아웃소싱의 도입으로 발생할 수 있는 장단점으로 보기 가장 어려운 것은?

① 아웃소싱을 통해 창고, 대지 밑 기계 등을 처분하거나 임대함으로써 투지비용을 회수하고 물류전문업체에게는 사용한 실적만큼의 비용만을 지출함으로써 비용이 획기적으로 절감한다.

② 제조업체가 보유한 한정된 차량운행에서 오는 불편함을 해소할 수 있을 뿐만 아니라, JIT배송이 가능해질 수 있으므로 고객에 대한 배송서비스를 대폭 강화할 수

있다.
③ 소량다빈도 배송과 발주단위의 다양화 요구 등도 물류전문업체의 노하우를 통해 해결할 수 있으므로 이러한 요구를 해오는 고객층에 대한 틈새시장공략 또한 가능해진다.
④ 고정 투자비가 줄어들어 경영자원을 효율적으로 배분할 수 있는 반면 변동비의 급격한 증가로 자금흐름이 악화되어 단기적으로는 기업경쟁력이 떨어지게 된다.
⑤ 물류시설 및 장비를 이중으로 투자하는 데 따르는 투자위험의 회피가 가능하고, 핵심역량에 대한 집중력을 강화할 수 있다.
[정답] ④

23. 다음의 수직적 마케팅시스템(VMS, vertical marketing system)에 대한 설명으로 가장 올바른 것은?
① 독립적인 경로 구성원들이 자신의 목적만을 추구함으로써 발생하는 갈등을 제거하려는 강력한 경로구성원들에 의해 발생한 것이 수직적 마케팅 시스템이며, 이 중 기업형 VMS에 관한 구체적인 예로서 소매상조합 및 도매상 중신의 체인형태를 들 수 있다.
② 독자적으로 달성할 수 있는 것보다 많은 경제성이나 판매효과를 달성하기 위해 생산과 유통의 상이한 단계에 있는 독립된 기업들이 계약을 기초로 하여 형성된 시스템을 의미한다.
③ 경로구성원이 다른 구성원들에게 비공식적으로 영향을 미쳐 생산이나 유통활동을 조정하는 형태로 수직적 마케팅 시스템 유형 중 경로 구성원들의 활동에 대한 통제 정도가 가장 낮다.
④ 코카콜라 기업이 다양한 시장에 있는 음료판매회사에게 원액을 공급하고 이 음료판매회사는 이것을 탄산음료로 만들고, 병에 담아 각 지역시장의 여러 소매상에 판매하는 형태가 이 유형에 포함된다.
⑤ 하나의 소유권 하에서 생산과 유통의 연속적(수직적)인 단계를 결합시킨 수직적 마케팅 시스템의 형태를 의미한다.
[정답] ⑤

24. 다음 중 한정서비스 도매상에 대한 설명으로 옳은 것은?
① 거래되는 제품에 대한 소유권은 당사자들에게는 없으며 단순히 거래를 촉진하는 기능만 존재한다.
② 한정서비스 도매상의 형태로는 트럭 도매상, 현금무배달도매상, 직송 도매상, 선반 도매상 등이 있다.
③ 한정서비스 도매상은 독립적인 도매상이 아니며 제조업자나 생산업자에 의해 직접 소유 운영한다.
④ 유통경로 상에서 물적 소유, 촉진, 협상, 위험부담, 지불 등 거의 모든 유통활동을 수행한다.
⑤ 소매상들에게 매출비중이 높지 않으면서 회전율이 높은 캔디, 껌, 건강미용 용품 등을 판매하여 소매 점포까지 직접 트럭배달을 해주면서 소매상을 대신하여 신열내에 진열하거나 재고를 관리해주는 활동을 한다.
[정답] ②

25. 다음 중 경로 커버리지와 관련된 설명내용 중 올바르지 않은 것은?
① 경로 커버리지 전략을 실행함에 있어 경로설계자는 판매량을 직접 소유하고자 할 경우 막대한 자금이 소요되기 때문에 특히 단기간에 광범위한 시장을 커버하기 위해서는 독립된 중간성을 이용하는 것이 보다 경제적이다
② 집약적 유통은 대체적으로 일상 생활용품이나 편의품과 같이 자주 구매되거나 중간상에게 요구되는 마케팅기능이 그다지 중요하지 않은 제품이나 서비스에 적합한 전략 형태이다.
③ 선택적 유통은 소수의 제한된 유통판매망을 활용하는 전략을 의미하므로 고객이 선택 가능한 지역시장 내에 경제 제품이 존재하거나 이들 경쟁제품에 대한 정보를 고객이 어느 정도 추구하는 경우에 적합한 전략이다
④ 각각의 개별경로형태에 있어 얼마나 많은 수의 경로 구성원을 활용할 것인가를 결정하는 것이 경로집약도에 관한 결정이다
⑤ 경로집약도와 관련하여 경로설계자가 선택할 수 있는 경로커버리지 대안으로 크게 집약적 유통, 선택적 유통, 전속적 유통 및 프랜차이즈 유통시스템을 들 수 있다.

[정답] ⑤

26. 다음은 프랜차이즈 유통시스템에 관한 설명내용이다. 가장 거리가 먼 것은?
① 프랜차이즈 시스템운영에 있어서 프랜차이즈 본부는 프랜차이즈 가맹점뿐만 아니라 직영점을 운영할 수 있으며, 각자의 수를 적절히 조정을 시도하는 것이 법적으로 허용된다.
② 잠재 가맹점의 입장에서 프랜차이즈 시스템을 선호하는 이유로는 사업개시부터 효과적인 경영의 가능, 독립사업가로서의 만족감, 실패위험의 감소, 사업경험이 부족할 경우 본부의 경영노하우 활용 등을 들 수 있다.
③ 프랜차이즈 본부의 입장에서 본 장점은 자본조달의 용이성, 구매 및 판매에 있어서 신속한 규모의 경제 달성, 지역적 특수성 고려가능성, 과도한 관리업무의 배제, 낮은 노사문제 발생빈도 등을 들 수 있다.
④ 프랜차이즈 가맹관리본부입장에서의 장점으로는 높은 수익성, 높은 통제수준의 달성, 점포관리자에 대한 융통성부여, 전략선택의 탄력성, 피드백 용이, 시장조사 등 전반적인 서비스체계의 효율화, 낮은 법적 문제 발생 등을 들 수 있다.
⑤ 프랜차이즈시스템 성장 배경으로 인지도가 높은 전문품에 대한 수요가 증가하고 있고, 제조업중심 경제가 서비스중심 경제로 옮겨가는 추세이며, 프랜차이징은 유망한 수출 사업이 되고 있다.
[정답] ④

27. 재고관리를 위한 ABC 분석기법에 대한 설명으로 가장 옳지 않은 것은?
① ABC분석기법은 Pareto의 80 : 20의 법칙과 관련이 있으며, Juran이 불량품 개선에 유용하다는 것을 밝혀냈고, Dickie가 ABC분석기법을 재고관리에 적용하면서 널리 보급되기 시작하였다.
② ABC분석기법을 사용하고자 할 때에는 통상적으로 재고의 가치를 기준으로 재고를 몇 개의 범주(등급)로 구분하여야 한다.
③ 범주(등급)구분의 기준이 되는 재고가치는 제품의 단가에 일정기간의 사용분을 곱하는 방식에 전적으로 의존하는 결정론적 한계가 있다.
④ 재고가 어떠한 등급(ABC)으로 분류되느냐에 따라 주문방법뿐만 아니라 재 주문

시점, 주문절차 등도 달라진다.
⑤ ABC 관리 방법은 재고관리나 자재관리뿐만 아니라 원가관리 품질관리에도 이용할 수 있다.
[정답] ③

28. 유통업체가 자기상표(PB: private brand)의 도입을 지속적으로 확장하고자 하는 원인을 설명한 내용들이다. 가장 거리가 먼 것은?
① 상품의 브랜드이미지(가치)지향고객그룹보다 상품의 기능적인 품질 대비 가격측면에 서 합리적인 상품을 선호하는 고객그룹의 확보가 용이하다.
② NB(national brand)생산업체와의 협상에서 대체재의 존재를 통해 보다 유리한 고지를 점령할 수 있다.
③ 자사매장의 단독적인 상표(품) 공급을 통해 정포에 대한 고객 애호도(충성도)를 높여 단골고객확보 및 유지에 유리하다.
④ 다양한 매장(업태)에서 구매가 가능한 NB제품보다 독점적인 PB 브랜드에 대하여 강력한 충성도를 가진 고객그룹에 대한 고객관리를 더욱 강화하기 위한 수단으로 사용 된다.
⑤ PB(private brand)제품은 유통업자브랜드로 유통업자가 자신의 제품임을 확인할 수 있는 상품명(칭)이나 기호 혹은 기업명(칭)이나 기호 등으로 표시된다.
[정답] ④

29. 다음 중 유통매장에서 브랜드파워를 높일 수 잇는 디스플레이방법에 관한 설명으로 가장 거리가 먼 것은?
① 제품이 아무리 싸고 빈약하다고 해도 훌륭한 시설 아래 잘 선시되어 있으면 고객들의 눈에 고급품으로 보여 고객의 마음을 사로잡을 수 있도록 하는 것이 궁극적인 디스플레이의 목적이다.
② 해당 그룹의 상품베치를 자사 브랜드만으로 가능하도록 제품화 하는 것을 풀라인 머친다이징(full line merchandising)이라 하며 이를 실현하는 것이 중요하다.
③ POP을 사용하는 것이 바람직하며 이 때 POP의 넓이는 자사브랜드가 진열된 판매대 폭만큼 설치하여 자사브랜드와 경쟁브랜드의 경계를 명확하게 해 주는 것이

중요하다.

④ 자사제품이 백화점의 다양한 위치의 매장에 분산 전시되어 있다면 브랜드파워가 발휘되기 어렵다. 따라서 자사 제품을 위한 단독코너를 만들고 한곳에서 집중적으로 보여 주면 브랜드에 대한 고객의 구매력이 더욱 향상될 수 있다.

⑤ 브랜드 파워 강화를 위해 의류 매장 내 화장품 코너 같이 전혀 다른 종류의 제품을 디스플레이 해놓고 고객들의 새로운 욕구를 자극하는 방법을 업 머천다이징(up merchandising)이라고 한다.

[정답] ④

30. 소매업(retail trade, retailing)이란 상품과 서비스의 유통 말단에 위치하여 최종소비자에게 상품 및 서비스 등 주로 종합생활자의 생활용품 판매활동을 수행하는 업종으로, 소매상은 이 같은 소매업을 직접 수행하는 상인을 지칭한다. 이에 대한 설명으로 옳지 않은 것은?

① 롯데백화점 ② GS 25 ③ 가락동 농수산물시장

④ 변호사 ⑤ 파주 프리미엄 아웃렛

[정답] ③

31. 소매기관의 변천과정 이론 중 소매업 수레바퀴 가설(The Wheel of Retailing Hypothesis)에 대한 설명으로 옳지 않은 것은?

① 시장진입 초기에 저가격 ② 시장진입 초기에 저마진

③ 시장진입 초기에 고서비스 ④ 시장진입 후 고비용 정책

⑤ 시장진입 후 고가격 정책

[정답] ③

32. 소매 수명주기 이론(Retail Life Cycle Theory)에 대한 설명으로 잘못된 것은?

① 한 소매기관이 출현하여 사라지기까지의 전 과정을 말하는데, 최근에는 소비자의 욕구 다양화와 경쟁의 심화로 인해 수명주기가 점차 짧아지고 있다.

② 소매상은 여러 단계(도입기 → 성장기 →성숙기 → 쇠퇴기)를 거쳐 발전할 수 있다는 이론이다.

③ 성장기는 소매상의 매출액과 이익률이 급속히 증가하며, 이러한 시기를 급성장기라고도 한다.
④ 성숙기 기간 중에는 최대의 이익률을 달성하지만 말기로 갈수록 이익의 증가보다 비용 압박이 커져 매출액은 계속 증가하지만 이익률은 답보 상태에 들어간다.
⑤ 성숙기의 상품은 치열한 경쟁으로 인해 이익이나 매출은 급신장하지 않으나 지속적으로 소비자들이 찾는 상품이므로 상품믹스에 포함시켜야 한다.
[정답] ④

33. 경로 커버리지와 관련된 설명내용 중 올바르지 않은 것은?
① 경로 커버리지 전략을 실행함에 있어 경로설계자는 판매망을 직접 소유하고자 할 경우 막대한 자금이 소요되기 때문에 특히 단기간에 광범위한 시장을 커버하기 위해서는 독립된 중간상을 이용하는 것이 보다 경제적이다.
② 집약적 유통은 대체로 일상 생활용품이나 편의품과 같이 자주 구매되거나 중간상에게 요구되는 마케팅기능이 그다지 중요하지 않은 제품이나 서비스에 적합한 전략 형태이다.
③ 선택적 유통은 소수의 제한된 유통판매망을 활용하는 전략을 의미함으로 고객이 선택 가능한 지역시장 내에 경쟁제품이 존재하거나 이들 경쟁제품에 대한 정보를 고객이 어느 정도 추구하는 경우에 적합한 전략이다.
④ 각각의 개별경로형태에 있어 얼마나 많은 수의 경로 구성원을 활용할 것인가를 결정하는 것이 경로 집약도에 관한 결정이다.
⑤ 경로집약도(channel intensity)와 관련하여 경로설계자가 선택할 수 있는 경로 커버리지 대안으로 크게 집약적 유통, 선택적 유통, 전속적 유통 및 프랜차이스 유통시스템을 들 수 있다.
[정답] ⑤

34. 다음 유통경로 이론에 관한 설명이다. 이 유통경로 이론 중에 연기-투기(postponement-speculation)이론의 가장 일반적인 형태는?
① 전속적 유통경로에 비하여 제품에 대한 노출이 확대되며, 개방적 유통경로에 비하여는 소매상의 수가 적기 때문에 유통비용이 절감된다.

② 업무를 수행하는 데 소요되는 마케팅비용 또는 유통비용을 가장 적게 필요로 하는 유통경로기관이 해당 업무를 수행하는 방향으로 유통경로의 구조가 결정된다고 설명하는 것이 유통경로구조이론이다.
③ 이러한 유통경로를 선택하는 제품에는 의류·가구 및 가전제품 등으로 한정되어 있다.
④ 유통경로에서 연기가 투기를 지배한다면 제조업자가 직접 소비자에게 상품을 전달할 것이므로 유통경로는 짧아진다.
⑤ 일반 소비재 시장에서 대형화된 소매업체의 경로리더십은 선매품의 경우보다 전문품의 경우에 더욱 두드러지게 나타나는 현상이다.
[정답] ④

35. 소매수레바퀴이론(the wheel of retailing hypothesis)의 특징에 대한 설명으로 가장 거리가 먼 것은?
① 소매가격의 혁신은 오로지 저비용구조에 바탕을 둔 저가격을 기반으로 새로운 시장에 침투한다.
② 새로이 진출하려는 소매 업체는 도입초기에 점포서비스의 고도화와 물리적 설비 부분의 차별화를 통해 시장에 진입한다.
③ 일단 목표시장(소매업체)에서 받아들여지면 이 새로운 소매기관은 고급화 과정에 접어든다.
④ 시장진입에 성공한 산업체의 고급화는 또 다시 새로운 소매업체의 혁신적인 등장을 불러일으킨다.
⑤ 최초 저가격, 저마진 형태의 점포운영방법으로 시장에 진입한 이후 경쟁을 위해 점차 고가격, 고마진 형태의 점포운영방법으로 변화하면서 다른 업체의 저가격, 저마진 형태의 시장진출을 용이 하게 하는 현상을 말한다.
[정답] ②

36. 유통경로는 대표적인 마케팅믹스인 4P 중의 하나이다. 다음 중 이러한 유통에 대한 설명으로 옳지 않은 것은?
① 유통경로는 어떤 상품을 최종구매자가 쉽게 구입할 수 있도록 만들어 주는 과정

으로 정의 된다.
② 유통거래로 생기는 비용이 줄어드는 이유 중의 하나는 중간상이 존재하기 때문이라고 설명될 수 있다.
③ 유통의 존재이유는 생산자와 소비자 사이에 시간, 장소, 형태상의 불일치가 있기 때문이다.
④ 제품이나 서비스 자체의 흐름을 중심으로 이해하는 것을 일반적인 유통이라 한다.
⑤ 유통경로가 직접적일수록 생산자는 자신이 생각했던 제품사용의 효용이나 다른 제품과의 차별성을 직접 소비자에게 설명할 수 있으므로 마케팅 활동을 효과적으로 할 수 있다
[정답] ④

37. 다음 중 팔레트 풀 시스템(PPS ; pallet pool system)의 개념에 대한 설명으로 거리가 먼 것은?
① 팔레트 풀 시스템은 팔레트의 규격과 척도 등을 표준화하고 상호 교환성이 있도록 한 후, 이를 서로 풀로 연결하여 사용함으로써 각 기업의 물류 합리화를 달성하여 물류비를 절감하려는 제도이다.
② 자사팔레트를 사용할 경우 팔레트 소요량, 공장 물동량, 하차장 물동량, 거래처 물동량, 납품 및 회수에 따른 물동량이 발생하여 실 생산 소요량의 2배 이상이 필요하다.
③ 리스 렌탈 방식은 즉시 교환방식으로서 유럽 각국의 국영철도에서 송화주가 국철에 팔레트 로드 형태로 수송하면 국철에서는 이와 동수의 공 팔레트를 국철에 인도하는 방식이다
④ 기업은 팔레트 풀 시스템을 통해 과다한 투자부담을 경감시킬 수 있으며, 일관 팔레트화를 무리 없이 성착시킬 수 있고, 나아가 기업의 물류비 실감에도 기어할 수 있다.
⑤ 팔레트 랙은 주로 필레드에 쌓아 올린 물품의 보관에 이용하는 랙으로 가장 광범위하게 사용되며 랙의 이동설치 및 단수조정이 자유로운 조립식 구조로 되어 있고 랙 시스템의 가장 기초를 이루는 랙이다.
[정답] ③

38. 다음은 순물류와 역물류에 애한 비교 설명이다. 이 중 잘못된 항목은?

① 구분 : 물류계획의 수립 및 실행

- 순물류(Forward Logistice) : 용이함.
- 역물류(Reverse Logistice) : 어려움.

② 구분 : 상품과 포장의 품질

- 순물류(Forward Logistice) : 상이함.
- 역물류(Reverse Logistice) : 동일함.

③ 구분 : 속도의 투명성

- 순물류(Forward Logistice) : 속도의 중요성 인지
- 역물류(Reverse Logistice) : 상품처리의 중요성 인지

④ 구분 : 비용의 투명성

- 순물류(Forward Logistice) : 투명성이 낮음.
- 역물류(Reverse Logistice) : 투명성이 낮음.

⑤ 구분 : 제품수명주기 관리

- 순물류(Forward Logistice) : 가능
- 역물류(Reverse Logistice) : 어려움

[정답] ②

39. 경로 커버리지 전략을 선택하는 데 있어 마케터는 점포에서의 고객쇼핑(구입) 행동, 기업의 경로통제 행동의 요구, 점포의 포화 정도와 같은 요인들을 고려해야 한다. 이들에 관한 설명으로 올바르지 않은 것은?

① 경로관리에서 핵심적인 관점 가운데 하나는 얼마나 많은 수의 점포를 특정지역에 설립해야 하고, 경로 흐름에서 어떤 유형의 경로 구성원이 필요한지를 결정하여 이를 통해 실재고객과 잠재고객의 욕구를 실현하는 것이다.

② 중저가 립스틱을 저가매장이나 편의점에서 구매하려는 소비자 집단과 랑콤립스틱을 고급백화점이나 명품관에서 구매하려는 소비자집단의 구매행동은 동일하지 않으므로 어떤 소비자 집단을 표적시장으로 선택할 것인지에 따라 이에 알맞은 경로 커버리지 전략을 선택해야 한다.

③ 기업이 표적시장 내에 지나치게 적은 수의 점포를 가진다면 높은 매출액 및 시

장점유율의 성장을 달성하는 것은 어려운 반면, 너무 많은 점포들이 존재한다면 동일한 고객을 상대로 점포 간 과당경쟁이 일어나게 된다.

④ 많은 소비사들이 내구용품 구매 시 선매품 - 선매점형의 쇼핑행동을 보이게 되면 그동안 해오던 전속적 경로 커버리지 전략을 포기하고 집중적 경로 커버리지 전략을 도입하는 것이 더욱 바람직하다.

⑤ 집중적 유통경로전략을 채택한 제조업체는 전속적 유통경로전략을 택한 경우보다 제품의 판매과정에 대한 통제를 더욱 강화할 수 있을 뿐만 아니라, 마케팅노력을 통해 유통과정에 더 많은 개입을 할 수 있는 장점이 있다.

[정답] ⑤

40. 유통 경로정책과 관련된 다음 설명 내용 중 가장 올바르지 않은 것은?

① 브랜드 내 경쟁은 동일한 브랜드를 취급하는 도매상 혹은 소매상간의 경쟁을 의미하며 브랜드 간 경쟁은 동종 상품의 상이한 브랜드 간 경쟁을 의미한다.

② 시장 커버리지 정책이나 고객 커버리지 정책은 브랜드 내 경쟁과 직접적으로 관련을 맺고 있으며 이들 정책은 해당 정책이 없을 때에 비해 가격상승을 유발하는 간접적 효과를 지니고 있다.

③ 브랜드 간 경쟁은 가격경쟁을 유발하여 가격을 인하하는 효과가 있다.

④ 고객 커버리지 제한에 대한 사법부의 독점규제도 시장커버리지 제한의 경우와 유사하게 적용된다. 즉 고객커비리지 제한정책은 경쟁을 상당히 감소시키는 효과를 보일 때 불법적인 것으로 간주된다.

⑤ 브랜드 내 경쟁을 촉진함으로써 가격은 상승하며 중간상에게 돌아가는 매출총이익은 증가한다.

[정답] ⑤

41. 다음 중 유통경로가 창출하는 효용성에 대한 설명으로 옳지 않은 것은?

①. 넓은 의미의 유통은 화폐-선물-금-은-등의 경제 주체들 시이에서 사회적으로 이전하는 것을 말한다.

②. 유통의 본원적인 기능은 상품 및 서비스를 생산자로부터 소비자에게 이동시키는 것이다.

③. 유통은 상업이나 마케팅과 동일한 의미로 사용하고 있다.

④. 유통은 여러 가지의 사회적 기능을 수행하고 있는데, 매매기능, 보관기능, 운송기능 등을 들 수 있다.

⑤. 생산이 재화(형태)를 창출하고 소비자가 소유(매매)를 창출하는 의미가 있다면 물류는 생산지점과 소비시점의 시간과 장소적인 괴리를 좁히는 효용을 창출함으로써 양자를 연결시킨다.

답은 ③ 유통은 상업이나 마케팅과 동일한 의미로 사용하고 있다. (X)

유통은 상업, 마케팅과 구분되는 의미이다.

42. 다음은 유통경로에 대한 설명이다. 바른 설명을 모두 고른 것은?

-보기-

ㄱ. 유통경로의 구성원들은 재화를 수송운반, 저장하며 정보수집 및 쌍방향으로 정보를 교환한다.

ㄴ. 중간상들은 생산자가 생산한 제품의 구색을 소비자가 원하는 구색으로 전환시켜주는 기능을 한다.

ㄷ. 유통경로의 길이 (length)는 생산자와 구매자 사이에 개입하는 중간상 수준(level)의 수를 의미한다.

ㄹ. 유통경로에서 제공되는 서비스나 아이디어는 소비자나 중간상뿐만 아니라 상품생산자들에게도 중요하다.

ㅁ. 유통경로 과정 중 도매상·중간상 등의 동일한 단계에서 발생하는 갈등을 수직적 갈등이라 말하며, 이러한 갈등은 자신들이 추구하는 목적이 서로 상이하기 때문에 발생하게 된다.

①. ㄱ ②. ㄱ,ㄴ ③. ㄱ,ㄴ,ㄷ ④ ㄱ,ㄴ,ㄷ,ㄹ ⑤ ㄱ,ㄴ,ㄷ,ㄹ,ㅁ

답은 ④

유통경로 과정 중 도매상·중간상 등의 동일한 단계에서 발생하는 갈등을 수직적 갈등(X) → 수평적 갈등 (O) 이라고 한다.

43. 다음 중 중간상의 필요원칙에 해당되지 않는 원칙은?

①. 거래수가 결과적으로 단순화-통합화되어 실질적인 거래 비용이 감소하게 된다.
②. 유통경로 상 수행되는 수급조절, 수-배송, 보관, 위험부담 및 정보수집 등을 생산자와 유통기관이 상호 분업의 원리가 필요하다.
③. 소매상은 소량의 적정량만을 보관함으로써 원활한 유통기능을 수행할 수 있다는 원칙도 있다.
④. 유통업체에서는 고정비와 변동비를 구분할 때 고정비(fixed cost)가 차지하는 비중이 변동비(variable cost)보다 크기 때문이다.
⑤. 분업의 원리에 비추어 유통경로에서 다양하게 수행되는 기능들(수급조절 기능, 보관 기능, 위험부남 기능, 정보 수집 기능 등)을 제조기업보다 더욱 전문성을 갖춘 유통 기업에게 맡김으로써 경제적일 수 있다.

① 총 거래 수 최소의 원칙
② 분업의 원칙
③ 집중준비의 원칙
④ 변동비 우위의 법칙 → 유통분야에서는 제조업과는 다르게 변동비의 비중이 상대적으로 크기 때문에 제조분야와 유통분야를 통합하여 판매하면 큰이익을 기대하기 어렵다.
⑤ 정보 축약 및 정합의 원칙

44. 다음 중 물류시스템 설계 시 고려해야 하는 고객서비스 구성요소로 "취급품목에 대한 고객수요 중 보유재고로부터 충족될 수 있는 물량의 비율"을 의미하는 것은?

①. 배송 신뢰도(Ddlivery reliability)
②. 제한 주문량(order-size constraints)
③. 주문 현황 정보(order status information)
④. 기술적 지원(technical support)
⑤. 문제의 내용(stock availability)

정답은 ⑤ 문제의 내용은 재고가용률을 설명하고 있다.

45. 다음 중 상법상 회사에 관한 설명 중 가장 올바르지 않은 것은?

①. 1인 화사는 주식회사만 인정하고 나머지는 2인 이상이 설립과 존속이 인정된다.

②. 합자회사의 무한책임사원은 합명회사의 사원과 마찬가지로 회사채권자에게 대하여 직접/연대/무한책임을 진다.

③. 1인 주식회사의 경우 주주총회의 소집절차나 결의방법이 상법의 규정에 위반된다고 하더라도, 주주총회의 결의가 1인 주주의 의사에 합치하는 한 유효라고 본다.

④. 합명회사의 내부관계에 관하여는 정관 또는 상법에 다른 규정이 없으면 조합에 관한 민법의 규정을 준용한다.

⑤. 주식회사 발기인이 악의 또는 중대한 과실로 인하여 그 임무를 해태한 때에는 그 발기인은 제 3자에 대하여도 연대하여 손상할 책임이 있다.

① 1인 회사는 주식회사만 인정하고 나머지는 2인 이상이 설립과 존속이 인정된다.

46. 일정한 범위 내의 상권에서는 정해진 수의 소매점으로 하여금 오로지 자신이 만든 제품만을 취급하게 하며, 일정한 인센티브 제도를 도입하는 시스템에 대한 설명으로 옳지 않은 것은?

①. 특정한 지역 내에 소재하고 있는 도매상과 소매상에 대하여 오직 특정기업이 만든 제품만을 취급하게 하는 것을 말한다.

②. 특정기업이 소매상이나 도매상에 대한 통제가 가능하고 협조체제가 밀접하여 유통에 대한 비용이 감소하거나 제품에 대한 이미지가 높은 경우에 적용할 수 있다.

③. 제품의 종류에는 대부분 고가품인 고급 자동차, 귀금속, 의류 등에 적용이 가능하다.

④. 제품의 특징은 이미 제품이 소비자에게 충분히 노출되어 있으며, 제품에 대한 체인화에 어려움이 있는 제품 등에 적용할 수 있다.

⑤. 한 가지 종류의 상품을 구매한 고객에게 다른 종류의 상품구매를 유도하여 매출상승을 추구하는 방식은 시장침투를 증가시키기 위한 방법의 하나이다.

일정한 범위 내의 상권에서는 정해진 수의 소매점으로 하여금 오로지 자신이 만든 제품만을 취급하게 하며, 일정한 인센티브제도를 도입하는것은 전속적 유통경로의 내용을 설명하고 있는 것이다.
따라서 답은 ④)번.

47. 취근 많은 기업들이 e-SCM을 도입하여 활용하고 있다. e-SCM 도입의 결과로서 나타나는 현상과 가장 거리가 먼 것은?
①. 유통경로의 다변화로서 소비자의 효용증가
②. 최소한의 핵심자산에 집중
③. 중간상을 배제한 거래
④. 수직적 가치사슬의 해체
⑤. 유통채널 갈등의 해소

e-SCM은 고객 그리고 기업 내부의 다양한 욕구를 만족시키고 업무의 효율성을 극대화하려는 전략적 기법이라고 할 수 있다. e-SCM 을 도입한다고 하여 유통경로상의 갈등을 해소한다고 보기 어렵다.
따라서 답은 ⑤)번.

48. 한정 서비스형 도매상 중 신용판매가 아닌 현금지불을 조건으로 하는 도매상의 유형에 해당하는 것은?
①. 트럭배달 도매상(truck jobber)
②. 선반진열 중개인(rack jobber)
③. 현금무배달 도매상(cash and carry wholesaler)
④. 직송 도매상(drop shipper)
⑤. 위탁판매인(commission agent)

현장 서비스형 도매상 중 현금무배달 도매상(cash and carry whole-saler)은 신용판매가 아닌 현금지불을 조건으로 하며, 배달을 하지 않는 대신 싼 가격으로 소매상에게 상품을 공급한다.
따라서 답은 ③)번

49. 자연도태설에서 추출한 이론으로, 환경에 적응하는 소매상만이 생존, 발전 하게 된다는 말은?

①. 소매 수명주기 이론(Retail Life Cycle Theory)

②. 적응행동 이론(Adaptive Theory)

③. 변증법 이론(Dialectic Theory)

④. 소매업 아코디언 이론(Retail Accordion Theory)

⑤. 진공지대이론(Vacuum Zone Theory)

적응행동 이론(Adaptive Theory)은 소매 변천 원인을 환경적 변수에서 찾고 있는데, 소매기관을 둘러싸고 있는 환경변화(소비자의 구매행동, 구매욕망, 과학기술, 환경 등)에 가장 효율적으로 적응할 수 있는 소매상만이 살아남아 번창한다는 자연도태설에서 추출한 이론으로, 환경에 적응하는 소매상만이 생존, 발전하게 된다는 이론이다.

따라서 답은 ②)번

50. 다음 중에서 경로구성원들 중 누가 재고보유에 따른 위험을 감수하느냐에 의해 경로구조가 결정된다고 보는 이론은?

①. 효용(utility)이론

②. 게임(game)이론

③. 대리(agency)이론

④. 거래비용(transaction cost)이론

⑤. 연기-투기(postponement-speculation)이론

연기-투기(postponement-speculation)이론으로서 경로구성원들중 누가 재고보유에 따른 위험을 감수하느냐에 의해 경로구조가 결정된다고 보는 이론으로서 유통경로에서 연기가 투기를 지배한다면 제조업자가 직접 소비자에게 상품을 전달할 것이므로 유통경로는 짧아지고 반대는 길어진다.

따라서 답은 ⑤)번

51. 유통(소매)업체의 경로지배권 강화현상에 관한 설명으로 가장거리가 먼 것은?
①. 새롭게 등장한 대명 소매업체들은 특히 소비재시상에서 도매상들의 존재의의를 부정하며 직접적으로 제조업체와 협상할 뿐만 아니라 경로지배력을 강화하고 있다.
②. 일반 소비재 시장에서 대형화된 소매업체의 경로리더십은 선매품의 경우보다 전문품의 경우에 더욱 두드러지게 나타나는 현상이다.
③. 다점포 경영이 확대될수록, 유통(소매)상이 체인화 혹은 조직화 될수록 소매상의 경로지배력은 강화된다.
④. 고객 지향적 마케팅을 실행하기 위해서는 고객욕구 파악 우위에 서 있는 유통(소매)업체의 협상력은 더욱 강화되는 추세이다.
⑤. 유통경로가 직접적일수록 생산자는 자신이 생각했던 제품사용의 효용이나 다른 제품과의 차별성을 직접 소비자에게 설명할 수 있으므로 마케팅 활동을 효과적으로 할 수 있다.

답 ②번
일반 소비재 시장에서는 전문품보다 대부분 선매품의 중심을 이루고 있기 때문이다

52. 다음 중 네모안에 설명된 유통기능에 해당하는 것은?
-보기-
이 기능은 주로 도매상과 소매상이 담당한다. 이 기능을 담당하는 유통기관은 구매활동과 판매활동을 통하여 유통기업의 이익을 창출하고 있다. 구매활동은 구매와 관련한 상품의 종류 결정, 수량 결정, 공급업자 결정, 가격 결정 등을 포함한다. 판매활동은 예상 고객의 발견, 구매 유도, 판매조건 상담 등이 있으며 유통기관의 판매준비를 위한 판촉활동도 이에 속한다.

①. 물적 유통 기능
②. 시간 제공 기능
③. 유통 조성 기능
④. 장소 제공 기능
⑤. 소유권 이전 기능

답 ⑤번

보기의 내용은 소유권 이전 기능에 대한 보기로서 정답은 ⑤번입니다.

53. 아웃렛점은 팩토리 아웃렛(factory outlet)이라고도 하는데, 주요 특징에 대한 설명으로 옳지 않은 것은?
①. 메이커와 백화점의 비인기 상품
②. 대폭적인 할인가격(30~70%)으로 판매
③. 창고 형태로 점포 운영
④. 물류센터 주변에 위치
⑤. 파주에 있는 신세계와 롯데가 대표적

답 ③번
창고 형태로 점포 운영은 회원제 도입, 상자 및 묶음 단위로 판매하는 것을 원칙으로 하는 것이기 때문에 회원제 도소매점에 대한 내용입니다.

54. 프랜차이즈 시스템은 프랜차이저(franchisor)가 프랜차이지에게 프란치이저의 상호, 상표, 노하우 및 기타기업의 운영방식을 사용하여 제품이나 서비스를 판매할 수 있도록 허가하는 것을 말한다. 이에 대한 설명으로 옳지 않은 것은?
①. 프랜차이저는 계약의 주체로서 프랜차이지를 모집하여 사업을 수행하는 역할을 하며, 프랜차이지를 선정하여 특정지역마다 사업의 동반자 혹은 대리인으로 영업할 권한을 허용해준다.
②. 프랜차이저와 자본을 달리하는 독립사업자인 프랜차이지가 서로 협력하는 형태로서 본부와 가맹점 간에는 계약된 범위 내에서만 서로 통제하거나 특정한 요구를 수행하는 특징이 있다.
③. 프랜차이저는 프랜차이저의 상호 등을 사용하는 권한을 갖기 위해 가입금, 보증금, 로열티 등을 지불하고, 프랜 차이지의 경영지도와 지원으로 양자 간의 계속족인 관계가 유지된다.
④. 프랜차이저는 본사, 본부, 가맹점주 등으로 부르고, 프랜차이지는 지점 혹은 가맹점이라고 부른다.
⑤. 프랜차이즈 본부의 입장에서 본 장점은 자본조달의 용이성, 구매 및 판매에 있

어서 신속한 규모의 경제 달성, 지역적 특수성 고려가능성, 과도한 관리업무의 배제, 낮은 노사문제 발생빈도 등을 들 수 있다.

답 ③번
프랜차이저가 아니라 프랜차이지가 맞기 때문에 틀렷습니다.

55. 도소매상 및 도소매업체에 대한 아래의 설명 내용 중 가장 거리가 먼 것은?
①. 도매업체는 주로 도매활동을 하면서 동시에 소매행위(활동)를 할 수 있는 반면 소매업체는 소매행위를 전직으로 하며 도매행위는 할 수 없다.
②. 도매상은 소매상에 비해 비교적 넓은 상권을 대상으로 하기 때문에 1회 거래규모가 일반적으로 소매상보다 월등히 크다.
③. 도매상은 소매상과 달리 상이한 법적 규제와 세법이 적용 된다.
④. 도매상은 최종소비자보다는 주로 재판매 고객과 거래를 하는 경우를 의미한다.
⑤. 소매업을 대신하여 상품의 보관기능, 금융기능 및 위험 부담기능 외에도 조직자(organizer function)로서의 기능도 수행한다.

답 ①번
소매업체는 소매행위를 전적으로 하면서 도매행위도 할수 없는게 아니라 할수 있기 때문에 틀렷습니다.

56 다음 중 경로커버리지와 관련된 설명내용 중 올바르지 않은 것은?
①. 경루커버리지전략을 실행함에 있어 경로실게자는 판매량을 직접 소유하고자 할 경우 막대한 자금이 소요되기 때문에 특히 단기간에 광범위한 시장을 커버하기 위해서는 독립된 중간성을 이용하는 것이 보다 경제적이다
②. 집약적 유통은 대체적으로 일상 생활용품이나 편의품과 같이 자주 구매되거나 중간상에게 요구되는 마케팅기능이 그다지 중요하지 않은 제품이나 서비스에 적합한 전략 형태이다.
③. 선택적 유통은 소수의 제한된 유통판매망을 활용하는 전략을 의미하므로 고객이

선택 가능한 지역시장 내에 경제 제품이 존재하거나 이들 경쟁제품에 대한 정보를 고객이 어느 정도 추구하는 경우에 적합한 전력이다

④. 각각의 개별경로형태에 있어 얼마나 많은 수의 경로 구성원을 활용할 것인가를 결정하는 것이 경로집약도에 관한 결정이다

⑤. 경로집약도와 관련하여 경로설계자가 선택할 수 있는 경로커버리지 대안으로 크게 집약적 유통, 선택적 유통, 전속적 유통 및 프랜차이즈 유통시스템을 들 수 있다.

답⑤

풀이: 소매업체는 넓은 의미로는 상품 및 서비스를 최종소비자에게 유통시키며 좁은 의미로는 소비제 상품과 서비스를 최종소비자에게 유통시키는 상업이다

57 청소년 고용 금지 및 출입에 대한 설명으로 옳지 않은 것은?

①. 청소년 유해 업소의 입주는 종업원을 고용하고자 하는 때에는 그 연령을 확인하여야 하며 부득이한 경우 청소년을 고용 할 수 있다.

②. 청소년 출입 고용 금지 업소의 업주 및 종사자는 출입자의 연령을 확인하여 청소년이 당해 업소에 출입하거나 이용하지 못하게 하여야 한다.

③. 청소년 유해 업소의 업주 및 종사는 연령 확인을 위하여 필요한 경우 주민등록증, 그밖에 연령을 확인할 수 있는 증표의 제시를 요구할 수 있으며, 증표 제시를 요구받은 자가 정당한 사유 없이 증표 제시를 거부할 경우에는 당해 업소의 출입이 제한하거나 이용하지 못하게 할 수 있다.

④. 청소년 유해 업소의 업주 및 종사는 당해 업소에 대통령령이 정하는 바에 따라 청소년의 출입 이용과 고용을 제한하는 내용의 표시를 하여야 한다.

⑤. 청소년 유해매체물 또는 청소년유해약물 등을 제작 생산 유통하는 영업으로서 청소년이 고용되어 근로할 경우에 청소년유해매체물 또는 청소년유해약물등에 쉽게 접촉되어 고용청소년의 건전한 심신발달에 장애을 유발할 우려가 있는 영업은 청소년유해업소이다.

답 ①

풀이: 청소년 유해 업소의 업주는 종업원 고용하고자 하는 그 연령을 확인하여야

한다.

58. 물류 조직은 기업 내 물류관리 및 물류 관련 업무를 수행하기 위하여 책임과 권한을 체계적으로 조직화된 것이다 다음 중 조직에 대한 설명으로 옳지 않은 것은?

①. 직능형 조작은 1950년대까지의 조직 형태로 라인부분과 스태프 부분이 미분화된 상태의 물류 조직이다.

②. 라인과 스태프 형 물류 조직은 라인과 스태프이 기능을 분화하여 작업부문과 지원 부문으로 분리한 조직이다.

③. 사업부형은 물류 조직은 기업 규모가 점점 증가하고 대규모화되어 감에 따라 경영자가 기업의 모든 입무를 세밀히게 관리하기가 어렵게 됨으로써 등장한 조직 형태이다.

④. 스태프 형 조직은 모회사와 지회사의 권한 이양이라는 형태로, 모회사의 스태프 부분이 복수의 자회사의 해당되는 물류부문을 관리 및 지원하는 형태이다

⑤. 그리드 형 조직은 모회사와 자회사의 권한 이양이 라는 형태로 모회사의 스태프 부분이 복수의 자회사의 해당되는 물류부문을 관리 및 지원하는 형태의 조직이다

답 ④

풀이: 그리드 형 조직의 개념은 모회사와 자회사의 권한 이양이라는 형태로 모회사의 스태프부문이 복수의 자회사이 해당되는 물류부문을 관리 및 지원하는 조직이다.

59 다음 중 제2자 물류에 대한 설명으로 맞는 것은?

①. 사내의 물류 조직을 구축해서 운영하는 형태

②. 외부 무류 업체에게 물류 서비스를 아웃 소상한 형태

③. 자회사를 통하여 물류 서비스를 제공하는 형태

④ 전략적 제휴업체와의 협업을 통해서 물류 서비스를 제공하는 형태

⑤ 정보기술, 컨설팅 능력을 보유한 업체가 공급망상에 대한 계획과 관리를 하는 형태

답 ③

풀이: 제2자 물류 물류업무를 자회사에 맞 가는 것을 말 한다

60 다음 중 '유통기업의 경역혁신사례'로 보기 가장 어려운 내용은?

①. 오프라인시장에서 고객들의 호응을 기반으로 온라인사장과 카탈로그 시장에 진출하고자 하는 전략을 실해하고 있다.

②. 기존시장으로부터 종속을 탈피하기 위하여 새로운 시장개척을 통한 시장다변화 정책을 실행하고 있다.

③. 생산자브랜드제품으로부터 발생하는 마케팅정책면에서의 한계를 극복하기 위해 자체적으로 지사의 유통업자 브랜드를 개발하였다

④. 점포유통업만을 고집하던 유통업체가 무점포유통업으로 진출, 즉 전자상거래와 홈쇼핑을 통한 판매를 새롭게 개척하여 유통경로를 다양화하였다.

⑤. 계절적으로 수요증가가 예상되어 계절 특수품에 대한 선구매량을 확대하여 고객의 구매편의를 향상하였다.

답⑤

풀이: 계절특수품에 대한 선 구매량을 확대하는 것은 단순히 구매를 미라하다는 의미에는 다른 것이 없다.

61. 다음은 유통경로상에 발생하는 갈등해결방법 중의 하나인 중재(arbitration, mediation)에대한 설명이다. 가장 옳지 않은 것은?

① 중재는 갈등을 해결하기 위하여 제3자를 개입시켜 경로갈등을 해소하기 위한 분쟁해결제도이다.

② 중재는 여러 가지 장점을 지니고 있음에도 불구하고, 결정적으로 중재 과정에 대해 공개주의를 추구한다는 단점을 지니고 있다.

③ 단심제로 운영되기 때문에 비용과 시간을 절약할 수 있으며, 소송(재판)의 결과와 유사한 수준의 구속력이 발생한다는 장점을 지닌다.

④ 중재인은 판사, 교수, 컨설턴트, 기업인 등 전문가 중에서 선정하므로 중재판정의 객관성과 전문성이 확보될 수 있다는 장점을 지닌다.

⑤ 중재판정을 내리는 중재인은 법원의 법관처럼 법률적 판단을 할 수 있는 능력뿐 아니라 실체적 거래관계를 파악할 수 있는 전문적 식견이 필요하다.

중재는 여러가지장점을 지니고 있으며 중재 과정에 대해 비공개주의를 추구한다. ②

62. 유통점은 크게 두 가지를 기초로 성과를 평가한다. 다음 중 유통점의 성과에 관한 설명으로 가장 적합한 것을 고르시오?
① 상품의 고수익률은전문점보다는 할인점이 우월하고, 회전률은편의점보다는 백화점이 높다.
② 일반적으로 상품의 회전율과 상품의 수익률은 상충관계를 갖는다.
③ 상품의 저수익률-고회전율전략은 비교적 밀집된 상권에 위치하고 비교적 복잡한 조직구조적 특징을 지닌다.
④ 상품의 고수익률-저회전율전략은 비교적 분리된 상권에 위치하고 비교적 단순한 조직구조적 특징을 지닌다.
⑤ 소매상의 재무적 능력은 상품의 수익률(margin)과 상품의 회전율(turn over)을 기반으로 결정된다.

유통점의 성과를 평가하는 가장 중요한 것으로는 소매상의 재무적 능력 평가기준인 상품의 수익률이 있고, 영어능력을 평가하는 기준인 상품의 회전율 두 가지를 기반으로 결정된다. ⑤

63. 하이퍼마켓(HM ; Hyper Market)에 대한 설명으로 가장 잘못된 것은?
① 하이퍼마켓은대형화된 슈퍼마켓에 할인점을 접목시켜 저가로 판매하는 유통업태이다.
② 하이퍼마켓은대형슈퍼, 할인점, 창고점의개념을 소합하여 식품과 비식품매장을 보통 6:4의 비율로 취급하는 대형 소매업태이다.
③ 주요 특징은 메이커와 백화점의 비인기 상품, 재고품, 하자(瑕疵) 상품 및 이월(移越) 상품 등을 자신의 회사 명의로 대폭적인 할인가격(30~70%) 으로 판매한

다.

④ 매장 구성은 창고 형태로 운영하며, 소매상과 외식업자를 대상으로 하는 전형적인 유럽형 슈퍼마켓이다.

⑤ 회원제 창고점의상품진열에서 취약했던 식품비율을 강화하고, 낮은 마진과 높은 회전의 경영을 지향한다.

정답은 ③ 아웃렛점(Outlet Store)팩토리아웃렛(Factory Outlet)이라고도하는데 수십 개 또는 수백 개의 동점점포가 출점하여쇼핑센터를 이루는 업태로서 재고상품이 집하되는물류센터 주변에 위치하는 것이 대부분이며, 기존의 유통구조와의 반발을 피하기 위해 주로 도심 외곽(부도심)에 입지하게 된다.③

64. 다음 글의 내용은 보관의 일반적 원칙들에 대한 설명이다. 각 원칙을 가장 올바르게 순서대로 나열한 것은?

가. 물품을 고층으로 적재하는 것으로 평적보다팰릿등을 이용하여 용적 효율을 향상시킨다.

나. 형상에 따라 보관 방법을 변경하여 형상 특성에 맞게 보관한다.

다. 물품의 정리와 출고가 용이하도록 관련 품목을 한 장소에 모아서 보관한다.

라. 시각적으로 보관품을용이하게 식별할 수 있도록 보관한다.

① 높이 쌓기의원칙 - 형상 특성의 원칙 - 네트워크 보관의 원칙 - 명료성의 원칙
② 높이 쌓기의원칙 - 형상 특성의 원칙 - 위치 표시의 원칙 - 유사성의 원칙
③ 네트워크 보관의 원칙 - 명료성의 원칙 - 위치 표시의 원칙 - 형상 특성의 원칙
④ 네트워크 보관의 원칙 - 명료성의 원칙 - 중량 특성의 원칙 - 형상 특성의 원칙

정답 ①

65. 다음중소매업 수레바퀴 가설(The Wheel of Retailing Hypothesis)에 부합하는 업태의 예와 가장 거리가 먼 것은?

① TV홈쇼핑 ② 회원제 창고형소매점

③ 편의점 ④ 인터넷 전자상거래

편의점은 고마진, 고회전율정책을 추구하는 업태로 편의성을 강조③

66. 다음 물류 합리화를 위한 방안 중에서 가장 옳지 않은 것은?
①포장을 간소화하고 단계적으로 모듈화한다.
②배송경로를 조정하고 최적수송수단을 선택한다.
③창고 및 보관시설을 분산하여 창고운영비 및 보관 비용을 최소화한다.
④하역 기능을 전문화하고 자동화한다.

창고 및 보관시설을 분산하면 운송 및 보관비용 증가로 물류 합리화 역행함.③

67. 무점포소매상은 비교적 최근에 도입되고 있는 소매업태이지만 교통난, 맞벌이 등으로 쇼핑시간의 여유가 없는 소미자들에게시간을 절약해 주는 효용을 제공해 주며 소매업자 입장에서는 무점포이므로점포 비용이 절감되며, 입지조건에 관계없이 목표고객에게 접근 가능하고, 고객의 잠재 수요를 자극할 수 있는 이점을 가진다. 이러한 무점포소매상의 종류로 볼 수 없는 것은?
①직접판매(Direct Selling)

② 자동판매기(Automatic Vending)
③카달로그판매(Catalog Marketing)
④카테고리 킬러(Category Killer)
⑤홈쇼핑(Television Marketing)

정답은 ④ 특정한 상품계열에서 전문점과 같은 상품구색을 갖추고 저렴하게 판매하는 일종의 전문품할인점또는 전문 양판점이라 부르고 있다. 주요 특징은 소비자의 라이프스타일 변화에 따라 기존 종합 소매상 취급품목 중 특정 제품 계열에서 전문점과 같은 깊은 상품구색을 갖추고 저렴하게 판매하는 것으로, 대량구매와 대량판매 그리고 낮은 비용으로 저렴한 상품 가격을 제시한다.

68. 프랜차이즈 시스템은 프랜차이저(Franchisor)가 프랜차이지(Franchisee)에게 프랜차이저의상호, 상표, 노하우 및 기타 기업의 운영방식을 사용하여 제품이나 서비스를 판매할 수 있도록 허가하는 것을 말한다. 이러한 프랜차이즈 시스템에 대한 설명으로 잘못된 것은?

① 프랜차이저는계약의 주체로서 프랜차이지를모집하여 사업을 수행하는 역할을 하며, 프랜차이지를선정하여 특정 지역마다 사업의 동반자 혹은 대리인으로 영업할 권한을 허용해준다.

② 프랜차이저와자본을 달리하는 독립사업자인 프랜차이지가서로 협력하는 형태로서 본부와 가맹점 간에는 계약된 범위 내에서만 서로 통제하거나 특정한 요구를 수행하는 특징이 있다.

③ 프랜차이지는프랜차이저의상호 등을 사용하는 권한을 갖기 위해 가입금, 보증금, 로열티 등을 지불하고, 프랜차이저의경영지도와 지원으로 양 간의 계속적인 관계가 유진된다.

④ 프랜차이즈의 분권적 시스템은 노동자들의 기업에 대한 극한적인 대립심을약화시키지만, 프랜차이저는노동자 집단의 간접인 대화 창구로 보일 수 있어서 노사분규 등의 위험부담을 증가시킬 수 있다.

⑤ 프랜차이즈 시스템 운영에 있어서 프랜차이즈 본부는 프랜차이즈 가맹점뿐만 아니라 직영점을 운영할 수 있으며, 각자의 수를 적절히 조절하거나 각각의 경영성과를 비교하여 경로구조의 조정을 시도하는 것이 법적으로 허용된다.

프랜차이저의 분권적 시스템은 노동자들의 기업에 대한 극한적인 대립심을 약화시켜 프랜차이저는 노동자 집단의 간접적인 대화 창구로 보일 수 있어서 오히려 노사분규 등의 위험부담을 줄일 수 있다. ④

69. 다음의 내용에서 QR(Quick Response)에 대한 옳은 설명만 나열된 것을 고르시오?

가. 서로 떨어져 있는 기업과 부서간의 물류정보가 실시간으로 전달된다.

나. 시장수요에 신속하게 대응하여 기업경쟁력을 향상시킨다.

다. 공급사슬에서 재고를 쌓이게 하는 요소를 제거한다.

라. 품질을 증가시킬 수 있는 정보를 조기에 획득할 수 있다.
마. QR 을 사용함으로써 누적 리드타임이 감소하게 된다.
바. 고객요구에 대한 반응시간을 길게 만드는 요인을 제거한다.

① 가, 다, 라, 마 ② 나, 다, 라, 마
③ 가, 다, 라, 바 ④ 나, 다, 라, 바 ⑤ 나, 다, 마, 바

QR(Quick Response)소비자의 만족을 극대화하기 위해 제조업자와 공급업자및 운송업자들의 긴밀한 협조관계를 유지하여 시장수요에 신속하게 대응하여 기업경쟁력을 향상하고, 공급사슬에서 재고를 쌓이게 하는 요소를 제거하기 위해서도 필요한 시스템이다. ⑤

70. 물적유통의일반적 개념은 모든 유통경로상에 있어서 제품과 서비스(Goods & Service)를 정해진 장소에, 정해진 시간에, 정해진 품질로 중간상 및 최종소비자에게 전달되는 것을 말한다. 이러한 물류의 설명으로 잘못된 것은?
① 기업에서 차지하는 비용 중에서 물류비용이 차지하는 비용의 비중이 매우 작을 뿐만 아니라 점점 감소하고 있다.
② 물적 유통(physical distribution, Logistics)은 제조업자에서부터 최종소비자에 이르기까지 제품이나 서비스의 흐름을 관리하는 것을 의미한다.
③ 물적 유통은 소비자의 욕구를 충족시키기 위하여 원초지점부터 소비지점까지 원자재, 중간재, 완성재그리고 각종 관련 정보를 이동시키는 것과 관련된 흐름과 저장을 효율적이면서 효과적으로 계획, 수행, 통제하는 과정이다.
④ 물적 유통은 유형적이거나 무형적인 모든 재화에 대하여 공급자나 생산자로부터 최종소비자 및 수요자에 이르는 실물의 흐름이다.
⑤ 물류시설은 주요 기능에 따라 일반적으로 크게 보관센터(ST : stock center), 환적센터(TC : transshipment center), 배송센터(DC : distribution center) 등으로 구분할 수 있다.

기업에서 차지하는 비용 중에서 물류비용이 차지하는 비용의 비중이 매우 클 뿐만

아니라 점점 증가하고 있다는 면에서 관리상의 중요성이 증가하고 있다. 물적 유통망 구조가 잘 갖추어진 선진구에서도 물류가 총 생산의 25% 정도가 될 만큼 물류비의비중이 점점 더 커지고 있다. ①

71. 물류의 판매기능은 촉진에 대한 기능이라고 볼 수 있다. 물류의 원칙에는 3S1L 원칙과 7R's 원칙이 있다. 신속하게(speedy), 확실하게(surely), 안전하게(safely), 싸게(low)의 3S1L 원칙 중 싸게(low) 원칙과 유사한 기능을 가진 7R's 원칙은?

① 좋은 제품(right commodity)
② 적당한 가격(right price)
③ 좋은 품질(right quality)
④ 정량(right quantity)
⑤ 적절한 인상(right impression)

답은 ②

72. 다음내용은 풀 마케팅 전략(pull marketing strategy)과 푸시마케팅(push marketing strategy) 에 관한 설명들이다. 올바르지 않은 설명 내용은?

① pull marketing strategy 의 경우 막대한 광고와 매스마케팅을 위한 고정비용이 유발됨으로 대형브랜드에 더욱 적합하다.
② 푸시전략을 쓸 경우 비용이 대체로 변동비 성격을 갖는다. 즉 마케팅비용이 판매물량과 거래하는 소매매장의 수와 비례한다.
③ 특화된 (전문) 소매업체가 이미 소규모의 특수고객집단을 목표로 하고 있는 경우 푸시전략이더욱 유리하다.
④ 잘 알려지지 않은 브랜드의 제품을 손님이 많이 드나드는 유통매장을 통해 고객앞으로 밀어내는 것을 푸시마케팅(push marketing) 이라고 한다.
⑤ 풀 마케팅을 하는 제조업체는 유통가격을 결정하는 데 있어 푸시브랜드만큼의 주도권을 가질 수 없다.

제조업체가 유통가격을 결정하는 있어 푸시가풀 브랜드 보다 유리한 측면이 있지만 풀 마케팅 전략을 추구하는 기업이라면 풀이 더 유리하다. ⑤

73. 다음 중 물류 공동화 의의에 대한 설명으로 옳지 않은 것은?
① 고객의 제품 수주에서부터 판매되기까지의 물류를 주문, 제품의 수집, 운송, 집하(보관), 배송기능으로 분류하여야 한다. 수집에서 배송까지의 수행주체와 물류기능의 조합에 따라 물류 공동화 방안을 유형화하여야 한다.
② 물류 공동화는 자사의 물류 시스템과 타사의 물류 시스템이 다른 지역과 이종업종을 중심으로 공유되는 것을 말한다.
③ 물류 공동화는 물류비용의 절감을 위하여 자사의 물류시스템을 타사의 물류 시스템과 연계시켜 하나의 시스템으로 운영하는 것을 말한다
④ 물류 공동화는 수 · 배송의 효율화를 높이고 비용을 절감하기 위해 동일지역이나 동종업종을 중심으로 노동력, 수송수단, 보관설비, 정보시스템 등 물류시설을 2인 이상이 공동으로 설치하고 이용 ·관리하는 것을 말한다.
⑤ 공동으로 행하기 때문에 동일지역에 함께 배송하므로 중복 교차를 방지할 수 있고, 소규모의 화물차와 투자로도 합리적인 배송과 수송이 가능하며 개별배달에 비하여 필요한 차량의 숫자를 줄일 수 있다.

물류 공동화를 위한 전제조건으로는 다른 회사와 물류 공동화를 위해서 자사의 물류 시스템을 완전히 개방하여야 하고, 표준적인 물류심벌 및 업체 통일전표와 외부와 교환이 가능한 팔레트를 사용해야 한다. 또한 명확하게 서비스 내용을 표준화시켜야 하며, 통일된 회계기준에 근거하여 물류비를명확하게 산정하고 체계화하여야 한다. 따라서 물류 공동화는 자사의 물류 시스템과 다사의 물류 시스템이 동일지역과 동일업종을 중심으로 공유되는 것을 말한다. ②

74. 『유통산업 발전법』 은 유통산업의 효율적인 진흥과 균형 있는 발전을 꾀하고, 건전한 상거래 질서를 세움으로써 소비자를 보호하고 국민 경제의 발전에 이바지함을 목적으로 한다. 다음 중 이에 대한 용어로서 옳지 않은 것은?
① 매장은 상품의 판매와 이를 지원하는 용역의 제공에 직접 사용되는 장소를 말한

다. 이 경우 매장에 포함되는 용역의 제공 장소의 범위는 대통령령으로 정한다.
② 대규모 점포는 하나 이상이 연접되어 있는 건물 안에 하나 또는 여러 개로 나누어 설치되는 매장이며, 일시적으로 운영되는 매장을 포함한다.
③ 전문상가 단지는 같은 업종을 영위하는 여러 도매업자 또는 소매업자가 일정 지역에 점포 및 부대시설 등을 집단으로 설치하여 만든 상가 단지를 말한다.
④ 무점포판매는 상시 운영되는 매장을 가진 점포를 두지 아니하고 상품을 판매하는 것으로 지식경제부령이정하는 것을 말한다.
⑤공동 집 · 배송 센터라 함은 여러 유통사업자 또는 제조업자가 공동으로 사용할 수 있도록 집 · 배송 시설 및 부대 업무시설이 설치되어 있는 지역 및 시설물을 말한다.

정답 ②
대규모 점포는 다음의 요건을 갖춘 매장을 보유한 점포의 집단으로서 대통령령이 정하는 것을 말한다(유통산업발전법제2조 제3호)
1.하나 또는 2이상의 연접되어 있는 건물 안에 하나 또는 여러 개로 나누어 설치되는 매장일 것
2.상시 운영되는 매장일 것
3.매장 면적의 합계가 3천 제곱미터이상일 것

75. 지속석인 물류(Logistics)활동에 있어 공컨테이너, 공팔레트, 빈용기 등을 재사용하기 위한 물류활동과 가장 관련이 깊은 것은?
① 폐기물류 ② 회수물류 ③ 반품물류 ④ 포장물류 ⑤ 조달물류
정답 ②
회수물류는 공컨테이너트, 공팔레트, 빈용기 등을 재사용하기 위한 물류 활동과 가장 관련이 깊다.

76. 중간도매상인(merchant intermediaries)과 중간대리인(agent intermediaries)을 구분하게 해주는 가장 중요한 기준이 되는 것은?
① 저장 및 배달기능 ② 컨설팅기능 ③ 정보제공

④ 경로파워의 유무 ⑤ 소유권 이전의 유무

정답 ⑤

중간도매상인(merchant intermediaries)과 중간대리인(agent Intermediaries)을 구분하게 해주는 가장 중요한 기준은 소유권 이전의 유무이다. 중간도매상인은 자신의 소유로 거래를 하지만, 중간대리인은 자신의 소유가 아닌 양 당사자들의 소유로 하되 거래만을 중개해주는 기능을 수행한다.

77. 다음 중 유통경로 길이의 선택조건 중 짧은 유통경로를 선택해야 하는 경우로 가장 옳지 않은 것은?

① 제품특성 : 표준화가 되지 않은 제품 및 기술적으로 복잡한전문품

② 수요특성 : 구매난위가 크고, 구매빈도수는 낮은 제품

③ 공급특성 : 생산자 수가 많고, 지역적으로 분산생산

④ 유통비용구조 : 유통비용 측면에 있어서는 장기적으로 불안정

⑤ 진입특성 : 공급자의 시장 진입과 탈퇴에 장벽이 있음

정답 ③

짧은 유통경로를 선택하는 제품은 다음과 같은 특징을 지니고 있다. 부패성이 있으며, 표준화가 되지 않은 제품 및 기술적으로 복잡한 전문품과구매단위가 크고 구매빈도수는 낮으며, 비규칙적인 제품 등이다. 이러한 제품을 공급하는 생산자의 수는 적으며, 공급자의 시장진입과 탈퇴에는 제한이 있다. 또한 지역적으로 집중적인 생산이 되며, 유통비용 측면에 있어서는 장기적으로 불안정하다.

78. 경로커버리지와관련된 설명내용 중 올바르지 않은 것은?

① 경로커버리지전략을 실행함에 있어 경로설계자는 판매망을 직접 소유하고자 할 경우 막대한 자금이 소요되기 때문에 특히 단기간에 광범위한 시장을 커버하기 위해서는 독립된 중간상을 이용하는 것이 보다 경제적이다.

② 집약적 유통은 대체로 일상 생활용품이나 편의품과 같이 자주 구매되기니 중간상에게 요구되는 마케팅기능이 그다지 중요하지 않은 제품이나 서비스에 적합한 전략 형태이다.

③ 선택적 유통은 소수의 제한된 유통판매망을 활용하는 전략을 의미함으로 고객이

선택 가능한 지역시장 내에 경쟁제품이 존재하거나 이들 경쟁제품에 대한 정보를 고객이 어느 정도 추구하는 경우에 적합한 전략이다.
④ 각각의 개별경로형태에 있어 얼마나 많은 수의 경로 구성원을 활용할 것인가를 결정하는 것이 경로집약도에 관한 결정이다.
⑤ 경로집약도(channel intensity)와 관련하여 경로설계자가 선택할 수 있는 경로 커버리지대안으로 크게 집약적 유통, 선택적 유통, 전속적 유통 및 프랜차이즈유통 시스템을 들 수 있다.
정답 ⑤
경로집약도(channel intensity)와 관련하여 경로설계자가 선택할 수 있는 경로커버리지대안으로 크게 집약적 유통, 선택적 유통, 전속적 유통 시스템을 들 수 있다. 프랜차이즈 유통은 해당되지 않는다.

79. 유통경로시스템에서 자사의 중간상을 관리하는 전략의 하나로서 push 전략이 유용한 경우와 가장 거리가 먼 것은?
① 비정기적으로 구매되는 상품 ②계획적으로 구매되는 선매품
③ 특성 파악이 어려운 상품 ④ 상표 애/선호도가 높은 상품 ⑤ 모바일커머스
정답 ④
밀기 전략(push strategy)은 소비자가 제품의 브랜드 명성을 보고 판매매장으로 찾아오도록 소비자 등을 미는 것을 말하고 유통업체의 경제적 측면 즉, 마진율은 푸시채널 전략의 경우가 풀채널 전략의 경우보다 상대적으로 낮다.

80. 다음 유통경로 이론 중 연기-투기(postponement-speculation)이론의 가장 일반적인 형태는?
① 전속적 유통경로에 비하여 제품에 대한 노출이 확대되며, 개방적 유통경로에비하여는 소매상의 수가 적기 때문에 유통비용이 절감된다.
② 업무를 수행하는 데 소요되는 마케팅비용 또는 유통비용을 가장 적게 필요로 하는 유통경로기관이 해당 업무를 수행하는 방향으로 유통경로의구조가 결정된다고 설명하는 것이 유통경로 구조이론이다.
③ 이러한 유통경로를 선택하는 제품에는 의류·가구 및 가전제품 등으로 한정되어

있다.

④ 유통경로에서 연기가 투기를 지배한다면 제조업자가 직접 소비자에게 상품을 전달할 것이므로 유통경로는 짧아진다.

⑤ 일반 소비재 시장에서 대형화된 소매업체의 경로리더십은 선매품의 경우보다 전문품의 경우에 더욱 두드러지게 나타나는 현상이다.

정답 ④

연기-투기(postponement-speculation)이론은 유통경로에서 연기 투기를 지배한다면 제조업자가 직접 소비자에게 상품을 전달할 것이므로 유통경로는 짧아지고, 유통경로에서 투기가 연기를 지배한다면 유통경로에는 많은 중간상들이이득을 노리고 진입을 할 것이므로 유통경로는 길어진다는 이론이다.

81. 최근 들어 공급체인관리(SCM)가 중요하게 인식되고 있다. 다음 중 그 이유가 아닌 것은?

① 글로벌소싱의확대로 공급체인상의 리드타임이 길어졌기 때문이다.

② 제조업체 내부적으로만 재고를 효율적으로 관리하는 데에 한계가 발생하였기 때문이다.

③ 고객 요구가 다양해져 공급체인의 효율이 상승되었기 때문이다.

④ 기업간의 경쟁이 치열해짐에 따라 비용 및 납기경쟁력이 중요해졌기 때문이다.

⑤ 시간과 비용을 최소로 들여 수주에서 고객 납품까지 모든 활동을 효율적으로실행하고자 하기 때문이다.

정답 ③

SCM은 전략적 수준에서부터 전술 및 운영 수준에 이르기까지 전체적 측면에서 기업의 활동 영역과 운영 범위를 포함한다. SCM은 공급자 제조업자의 설비-창고-물류센터 그리고 전 유통 경로에 이르는 ..에서 고객 만족에 영향을 미치는 모든 시설을 고려한다.

82. 유통전략을 통한 경쟁우위가 다른 전략수단들을 통한 경쟁우위는 달리 상당기간 지속기능한 이유와 거리가 먼 것은?

① 유통전략은 일반적으로 지역성에 얽매여 있고, 비탄력적인 특징을 지니고 있다.

② 유통경로 구성원들 간의 상생의 협력관계형성과 유지가 중요하다.
③ 유통시스템에서의 힘의 균형이 제조업체에서 유통업체로 넘어가고 있다.
④ 유통경로시스템의 경로구조의 모방이 상대적으로 어렵다.
⑤ 유통경로시스템에서 유통경로구조는 지역성이 강하다.
정답 ③
유통경로 전략에서 유통길이의 결정요인으로는 제품 특성, 수요 특성, 공급 특성 등이 있다.이러한 것을 바탕에 두고 다양한 전략을 수립하게 된다. 특히 유통경로는 한번 고정화되면 쉽게 변화를 할 수가 없으며 이러한 구조 때문에 유통경로의 비탄력성을 유지하고 있다. 힘의 균형이 유통업체에 있으면 유통경로는 짧아진다.

83. 제조업자가 유통경로를 수직적으로 통합할 경우 제조업자와 유통업자는 다양한 이점을 누릴 수 있다. 다음 중 유통경로의 수직적 통합을 통해 얻을 수 있는 혜택으로 가장 올바르지 않는 것은?
① 장기계약과 장기거래관계의 형성이 직접적인 소유에 비해 보다 많은 이익을 제공하는지에 대한 신중한 검토가 이루어진 후 수직적 통합에 대한 의사결정이 이루어져야 한다.
② 많은 경우 수직적 통합전력은 생산이나 유통단계의 범위를 좁히기 때문에 독립된 공급자나 고객과 경쟁적으로 거래할 수 없다는 위험을 내포하고 있다.
③ 수직적 통합은 거래비용의 감소와 공급확보를 가져온다.
④ 유통경로에 대한 통제수준이 낮을수록 수직적 통합의 정도가 약하다.
⑤활발한 정보흐름을 가져다주는반면 기회주위적 행동 양식의 상승을 가져다준다.
정답 ⑤
수직적 통합(vertical combination)은 제품의 전체적인 공급과정에서 기업이 일정부분을 통제하는 전략으로 다각화의 한방법이며, 전방통합과 후방통합으로 구분된다. ①,②,③,④는 수직적 통합의 특징을 설명하고 있지만 ⑤는 관련이 없는 내용이다.

84. 소매수레바퀴이론(the wheel of retailing hypothesis)의 특징에 대한 설명으로 가장 거리가 먼 것은?
① 소매가격의 혁신은 오로지 저비용구조에 바탕을 둔 저가격을 기반으로 새로운

시장에 침투한다.
② 새로이 진출하려는 소매 업체는 도입초기에 점포서비스의 고도화와 물리적 설비부분의 차별화를 통해 시장에 진입한다.
③ 일단 목표시장(소매업체)에서 받아들여지면 이 새로운 소매기관은 고급화 과정에 접어든다.
④ 시장진입에 성공한 산업체의 고급화는 또 다시 새로운 소매업체의 혁식전인등장을 불러일으킨다.
⑤ 최초 저가격, 저마진형태의 점포운영방법으로 시장에 진입한 이후 경쟁을 위해 점차 고가격, 고마진형태의 점포운영방법으로 변화하면서 다른 업체의 저가격, 저마진형태의 시장진출을 용이하게 하는 현상을 말한다.
정답 ②
소매수레바퀴이론(the wheel of retailing hypothesis)에서 소매상은 시장진입 초기에 저가격, 저마진, 저서비스의 가격소구 방식으로 소매시장에 진입하여 기존의 고가격, 고마진, 높은 서비스의 다른 소매업체와 경쟁한다. 이러한 소매환경의 변화는 새로운 유형의 혁신적인 소매점이 저가격, 저마진, 낮은 서비스로 시장에 진입할 수 있는 여지를 제공하게 되고, 이 새로운 유형의 소매점 역시 위와 동일한 패턴을 따르게 된다는 것이다.

85. 측정 가능한 반응(소비자들로부터의 문의나 주문)을 얻거나 거래를 성사시키기 위해 한 가지 혹은 그 이상의 광고(커뮤니케이션) 매체를 사용하는 쌍방향 의사소통의 마케팅시스템은?
① 동신우편판매 ②온라인마케팅 ③텔레비전마케팅 ④텔레마케팅 ⑤카탈로그판매
정답 ⑤
통신판매의 가장 큰 특징은 카탈로그(전자카탈로그 포함)을 보고 상품을 선택하는 등 상품의 실물은 전혀 보지 않은 채 성립되는 상거래의 유형이기 때문에 카탈로그의 상품설명이 소비자의 주목을 받을 수 있는 상품이어야 한다.

86. 다음 중 물류원가 계산방식으로 재무회계방식과 관리회계방식의 특징을 가장 올바르게 설명한 것은?

① 재무회계방식은 상세한 물류비의파악이 곤란하기 때문에 구체적인 업무평가나 개선목표의 달성에 한계가 있다.
② 관리회계방식은 개략적인 물류비총액 계산에 있어서 별도의 물류비분류, 계산절차 등이 불필요하다.
③ 재무회계방식은 현행 재무제표 계정과목으로 파악하기 때문에, 물류활동의 개선안과 개선항목을 관리회계방식에 비해 명확하게 파악할 수 있다.
④ 관리회계방식은 기업 활동의 손익상태와 재무상태를 중심으로 회계제도의 범주에서 물류활동에 소비된 비용항목을 대상으로 1회계기간의 물류비총액을 추정한다.
⑤ 물류원가계산 방식에는 재무제표를 이용한 관리회계방식과 물류원가계산제도에 의한 재무회계 방식이 있다.
정답 ①
기업회계기준(GAAP)에서 재무회계의 작성목적은 외부정보 이용자들에게 효율적인 정보를 제공하는 것을 목적으로 작성된다. 반면에 내부 관리자들은 관리회계 내용을 보고 의사결정을 하게 된다. 관리회계는 변동비와 고정비 등으로 구분하여 판매관리비를 계산하기도 하지만, 비교적 정확하게 물류비계산을 할 수 있어 관리자의 의사결정에 이용되며, 재무회계는 그렇지 못하는 단점을 가지고 있다.

87. 재고보유 이유와 이에 대응하는 재고유형을 옳게 연결한 것은?

재고보유 이유	재고유형
A.공급수요 시기, 조달기간의 불확실성에 대비한 재고 B.로트단위의조달에 따른 재고 C.판촉활동, 계절성 등에 대비한 재고 D.공장, 물류센터, 유통점포 입자와 운송수단에 따른 재고	a.수송재고 b.순환주기재고 c.안전재고 d.예상재고

① A-a, B-b, C-c, D-d ② A-b, B-d, C-c, D-a ③ A-c, B-b, C-d, D-a
④ A-d, B-c, C-b, D-a ⑤ A-d, B-a, C-b, D-c
정답 ③
재고보유 이유와 이에 대응하는 재고유형을 옳게 연결한 것은 ③이다.

88. 다음 중 유통업체가 물류활동을 직접 수행하지 않고 아웃소싱할경우 해당 유통업체가 직면할 수 있는 문제점을 가장 잘 서술한 것은?

① 물류업무의 아웃소싱은유통기업 자체물류부문에 있어서 규모의 경제를 달성할 수 없음으로 물류비용은 급격히 증대된다.

② 제조업체나 외부 물류업체를 관리하여야 함으로 경영역량은 분산되나 핵심역량사업에 집중할 수 있는 장점이 있다.

③ 해당 유통업체는 제3자 물류와 관련된 추가적인 자격증이나 인력 및 시설을 확보하여야 한다.

④ 핵심역량사업에 집중할 수 있는 장점이 있는 반면 고객불만에 대하여 신속하게 대응하기가 쉽지 않다.

⑤ 물류전문업체의 첨단 정보시스템을 이용함으로써 시스템추가 개발에 소요되는 인력과 비용을 절감할 수 있다.

정답 ④

물류 아웃소싱은기업이 고객 서비스의 향상, 물류비절감 등 물류활동을 효율화할 수 있도록 물류기능 전체 혹은 일부를 외부의 전문 업체에 위탁대응하는 업무를 말한다. 외부업체에서는 고객의 컴플레인을 본사처럼 적극적으로 대응을 하기는 어려울 것이다.

89. 유통경로는 대표적인 마케팅믹스인 4P 중의 하나이다. 다음 중 이러한 유통에 대한 설명으로 옳지 않은 것은?

① 유통경로는 어떤 상품을 최종구매자가 쉽게 구입할 수 있도록 만들어 주는 과정으로 정의 된다.

② 유통거래로 생기는 비용이 줄어드는 이유 중의 하나는 중간상이 존재하기 때문이라고 설명될 수 있다.

③ 유통의 존재이유는 생산자와 소비자 사이에 시간, 장소, 형태상의 불일치가 있기 때문이다.

④ 제품이나 서비스 자체의 흐름을 중심으로 이해하는 것을 일반적인 유통이라 한다.

⑤ 유통경로가 직접적일수록 생산자는 자신이 생각했던 제품사용의 효용이나 다른 제품과의 차별성을 직접 소비자에게 설명할 수 있으므로 마케팅 활동을 효과적으로

할 수 있다.

정답 ④

유통경로는 대표적인 마케팅믹스(4P) 중의 하나이다. 이 경우 제품이나 서비스 자체의 흐름을 중심으로 이해하는 것을 일반적으로 물류라고 하며, 유통경로에 참여하여 일정한 역할을 하는 기관을 중심으로 고찰하는 것을 일반적인 유통이라 한다.

90. 다음 중 신제품 가격정책으로서 시장침투가격 정책의 내용에 해당되지 않는 것은?

① 시장 점유율을 확대하고 많은 배출을 올리기 위해 경쟁자보다 가격을 낮게 설정하는 정책이다.

② 기업들이 연구개발에 투자한 비용을 가급적 빠른 시간 내에 회수하기 위해 초기에 높은 가격을 설정하는 정책이다.

③ 시장에 경쟁자가 곧 진입할 것으로 예상될 때와 제품의 수요가 가격에 탄력적 일때 침투가격 정책을 설정한다.

④ 시장 침투가격 정책을 사용하는 기업이 이미 큰 시장점유율을 확보했다면 경쟁자들은 이 시장에 진입하는 것을 꺼려할 것이다.

⑤ 기존 제품으로 기존 시장에서의 점유율을 높여서 성장을 추구하는 전략이다.

정답 ②

투자액을 조기에 회수할 목적이거나 수요의 가격탄력도가 낮은 제품인 경우에는 상층흡수가격정책을 사용한다. 이 정책은 제품도입 초기에 가격을 고가로 설정하여 고소득층을 흡수한 후 점차 가격을 하락시켜 중류 및 하류 소득층의 고객들에게 판매하는 정책이다.

91. 일관팔레트화란 팔레트를 사용하여 복수단위의 화물을 한단위의화물로 전환하여 하역시화물의 취급빈도와 하역시간을 낮춤으로써 물류작업의 효율성을 증진시키는 것을 말한다. 다음 중 일관 팔레트화 추진의 선결과제에 대한 설명으로 옳지 않는 것은?

① 팔레트단위로 유닛로드화할경우 적재효율성의 감소 및 적재된 화물의 붕괴가발생할 수 있으므로 이를 방지하기 위한 포장 모듈화가 선행되어야 한다.

② 일관팔레트화에 의한 경제적 편익은 크지만 관련대상이 많고 이해득실이 불분명

한 점이 많으므로 상호협의하여비용분담과 이익분배에 대한 규정수립이필요하다.
③ 적재된 화물이 이동 중 붕괴되는 것을 방지하기 위한 방안이 마련되어야 한다. 팔레트상의 화물이 수송하역 작업도중 붕괴되지 않도록 쌓는 방식개선, 띠두르기, 스트레치 필름 포장법, 수축포장법 등 붕괴방지 기술개발이 필요하다.
④ 일관팔레트화를 추진하기 위해서는 반드시1.160mm*1.160mm의 일관수 송용 표준팔레트를 사용해야 한다.
⑤ 일관팔레트화의 효과는 매우 크지만 기업마다 팔레트의 소유가 달라서 자사팔레트를 회사 밖으로 유출시키면 회수에 상당한 시간과 비용이 들고, 호환성 측면의 제약이 있는 점 등 장애요인의 극복이 필요하다.
정답 ④
일관팔레트의 효과는 매우 크지만 기업마다 팔레트의 소유가 달라서 사팔레트를 회사 밖으로 유출시키면 회수에 상당한 시간과 비용이 들고, 호환성 측면의 제약이 있는 점 등 장애요인의 극복이 필요하다. 일관팔레트화를 추진하기 위해서는 반드시 1.100mm*1.100mm의 일관수송용 표준팔레트를 사용해야 한다.

92. 소매상은 소비자가 원하는 상품구색을 제공한다. 다음 중 24시간 연중무휴 영업을 하며 재고 회전이 빠른 한정된 제품계열을 취급하는 소매 업태는?
① Category Killer ② Convenience store ③ Specialty store
④ General Merchandising store ⑤ Super Supermarket
정답 ②
편의점(Convenience store)은 소비자의 다양한 욕구들 중 특히 시간과 노력을 절약하여 구매하려는 소비자의 욕구를 중요시 하고 있다. 편의점은 공간적, 시간적인 측면에서의 편의를 제공하고, 높은 회전율과 마진율의 특징을 보이고 있다.

93. 다음 중 팔레트 풀 시스템(PPS;palletpool system)의 개념에 대한 설명으로 거리가 먼 것은?
① 팔레트 풀 시스템은 팔레트의 규격과 척도 등을 표준화하고 상호 교환성이 있도록 한 후, 이를 서로 풀로 연결하여 사용함으로써 각 기업의 물류 합리화를 달성하여 물류비를 절감하려는 제도이다.

② 자사팔레트를 사용할 경우 팔레트 소요량, 공장 물도량, 하치장 물동량, 거래처 물동량, 납품 및 회수에 따른 물동량이 발생하여 실생산소요량의 2배 이상이 필요하다.
③ 리스 렌탈방식은 즉시 교환방식으로서 유럽 각국의 국영철도에서 송화주가 국철에 팔레트 로드 형태로 수송하면 국철에서는 이와 동수의 공 팔레트를 국철에 인도하는 방식이다.
④ 기업은 팔레트 풀 시스템을 통해 과다한 투자부담을 경감시킬 수 있으며, 일관 팔레트화를 무리 없이 정착시킬 수 있고, 나아가 기업의 물류비실감에도 기여할 수 있다.
⑤ 팔레트 랙은주로 팔레트에 쌓아 올린 물품의 보관에 이용하는 랙으로가장 광범위하게 사용되며 랙의이동설치 및 단수조정이 자유로운 조립식 구조로 되어 있고 랙시스템의 가장 기초를 이루는 랙이다.
정답 ③
유럽방식은 즉시 교환방식으로서 유럽 각국의 국영철도에서는 이와 동수의 공팔레트를주어 상계하며, 수하인은 인수한 팔레트와 동수의 팔레트를 국철에 인도하는 방식이다. 교환방식 풀 시스템의 장점은 팔레트의 즉시 교환사용을 원칙으로 하므로 팔레트의 분실에 대한 위험이나 회수 부담이 없다는 것이다.

94. 다음은 순물류와 역물류에 대한 비교 설명이다. 이 중 잘못된 항목은?
① 구분 : 물류계획의 수립 및 실행
순물류(Forward Logistice) : 용이함.
역물류(Reverse Logistice) : 어려움.
② 구분 : 상품과 포장의 품질
순물류(Forward Logistice) : 상이함.
역물류(Reverse Logistice) : 동일함.
③ 구분 : 속도의 투명성
순물류(Forward Logistice) : 속도의 중요성 인지
역물류(Reverse Logistice) : 상품처리의 중요성 인지
④ 구분 : 비용의 투명성

순물류(Forward Logistice) : 투명성이 낮음.
역물류(Reverse Logistice) : 투명성이 낮음.

⑤ 구분 : 제품수명주기 관리
순물류(Forward Logistice) : 가능
역물류(Reverse Logistice) : 어려움

정답 ②

상품과 포장의 품질

1.순물류(Forward Logistice) : 동일함.

2.역물류(Reverse Logistice) : 상이함.

95. 경로 커버리지 전략을 선택하는 데 있어 마케터는 점포에서의 고객쇼핑(구입)행동, 기업의 경로통제행동의요구, 점포의 포화 정도와 같은 요인들을 고려해야 한다. 이들에 관한 설명으로 올바르지 않은 것은?

① 경로관리에서 핵심적인 관점 가운데 하나는 얼마나 많은 수의 점포를 특정지역에 설립해야 하고, 경로 흐름에서 어떤 유형의 경로 구성원이 필요한지를 결정하여 이를 통해 실재고객과 잠재고객의 욕구를 실현하는 것이다.

② 중저가 립스틱을 저가매장이나 편의점에서 구매하려는 소비자 집단과 랑콤립스틱을 고급백화점이나 명품관에서 구매하려는 소비자집단의 구매행동은 동일하지 않으므로 어떤 소비자 집단을 표적시장으로 선택할 것인지에 따라 이에 알맞은 경로 커버리지 전략을 선택해야 한다.

③ 기업이 표적시장 내에 지나치게 적은 수의 점포를 가진다면 높은 매출액 및 시장점유율의 성장을 달성하는 것은 어려운 반면, 너무 많은 점포들이 존재한다면 동일한 고객을 상대로 점포 간 과당경쟁이 일어나게 된다.

④ 많은 소비자들이 내구용품 구매시 선매품-선매점형의 쇼핑행동을 보이게 되면 그 동안 해오던 전속적 경로 커버리지 전략을 포기하고 집중적 경로커버리지 전략을 도입하는 것이 더욱 바람직하다.

⑤ 집중적 유통경로전략을 채택한 제조업체는 전속적 유통경로전략을 택한 경우보다 제품의 판매과정에 대한 통제를 더욱 강화할 수 있을 뿐만 아니라, 마케팅노력

을 통해 유통과정에 더 많은 개입을 할 수 있는 장점이 있다.

정답 : ⑤
전속적 유통경로전략을 채택한 제조업체는 집중적 유통경로전략을 택한 경우보다 제품의 판매과정에 대한 통제를 더욱 강화할 수 있다.

96. 온라인 소매업에 대한 다음의 내용 중에서 올바르게 기술된 것은?
① 텔레마케팅과 카탈로그마케팅은 대체관계에 가까우며 보완관계로는 볼 수 없다.
② 카탈로그 마케팅은 최근 스스로 직접판매를 위한 매장을 오픈하고 있는 추세이다. 따라서 온라인유통보다 오프라인 유통에 더욱 가깝다고 볼 수 있다.
③ TV 홈쇼핑은 카탈로그 마케팅과 텔레마케팅을 결합한 효과가 있다.
④ 텔레마케팅은 유명인이나 인기연예인을 동원함으로써 설득력이 오프라인 매장에서보다 높다는 장점을 보유하고 있다.
⑤ 통신판매는 사용되는 커뮤니케이션수단에 따라 점포소매업과 무점포소매업으로 나누어지며 무점포소매업은 다시(우편)판매, 텔레마케팅, TV홈쇼핑, 전자상거래 등으로 나누어진다.

정답 : ③
TV 홈쇼핑이란 TV광고나 CATV를 통하여 상품을 소개, 설명하고, 전화로 주문을 받는 첨단 무점포 판매시스템이다.
텔레마케팅은 전화를 이용하여 소비자에게 상품에 대한 최신 정보를 제공하면서 구매를 촉구하며, 고객이TV, 라디오광고나 우편광고를 보고 수신자 부담 전화번호(080)를 이용하여 주문하는 소매유형이다.

97. 유통경로정책과 관련된 다음 설명 내용 중 가장 올바르지 않은 것은?
① 브랜드내 경쟁은 동일한 브랜드를 취급하는 도매상 혹은 소매상간의 경쟁을 의미하며 브랜드간 경쟁은 동종 상품의 상이한 브랜드간 경쟁을 의미
② 시장 커버리지 정책이나 고객커버리지 정책은 브랜드내 경쟁과 직접적으로 관련을 맺고 있으며 이들 정책은 해당 정책이 없을 때에 비해 가격상승을 유발하는 간

접적 효과를 지니고 있다.
③ 브랜드간 경쟁은 가격경쟁을 유발하여 가격을 인하하는 효과가 있다.
④ 고객커버리지 제한에 대한 사법부의 독점규제도 시장커버리지 제한의 경우와 유사하게 적용된다. 즉 고객커비리지 제한정책은 경쟁을 상당히 감소시키는 효과를 보일 때 불법적인 것으로 간주된다.
⑤ 브랜드내 경쟁을 촉진함으로써 가격은 상승하며 중간상에게 돌아가는 매출총이익은 증가한다.

정답 : ⑤
유통경로정책은 얼마나 많은 수의 점포를 특정지역에 설립해야 하고, 경로 흐름에서 어떤 유형의 경로 구성원이 필요한지를 결정하여 이를 통해 실재고객과 잠재고객의 욕구를 실현하는 것이다. 브랜드 내 경쟁을 촉진함으로써 가격은 상승한다하여 중간상에게 돌아가는 매출총이익은 증가한다는 것은 성립되지 않는다.

98.제조업체들은 경로성과를 향상하기 위해 중간상촉진과 소비자 촉진을 대안으로 선택할 수 있다. 제조업체가 지출하는 촉진비용은 점차적으로 중간상촉진의 비중이 더욱 증가하고 있는 추세이다. 우리나라의 한 식품제조업체가 소매상을 상대로 행하고 있는 중간상촉진의 다양한 형태를 분석하고 유형을 나누어 본 결과 1. 소매상의 구매중대를 위한 촉진 2.소매상의 매출 증대를 위한 촉진, 3. 소매상경영지도 등으로 분류가 되고 있다. 아래 답 항의 내용 중 그 종류가다른 하나는?
① 일정기간의 구매량에 대해 가격을 할인해 주는 방법으로서 가격할인
② 일정량 구매시 동일제품을 무료로 더 제공하는 할증판촉
③ 냉동음료 등의 보관에 필요한 쇼케이스나 진열장비 및 진열보조용구 등을 지원하는 행동
④ 소매점의 신규개점시나 진단요구시 상권분석, 소비자조사, 농선소사 등을 통한 종합진단 및 개선방안을 제시해준다.
⑤ 구매에 있어 직접배달을 비롯한 활동과 일정기간 금융적인 혜택

정답 : ④

1.소매상의 구매중대를 위한 촉진은 ①일정기간의 구매량에 대해 가격을 할인해 주는 방법으로서 가격할인이고, 2.소매상의 매출 증대를 위한 촉진은 ②일정량 구매시 동일제품을 무료로 더 제공하는 할증판촉이며, 3.소매상경영지도는 ③내동음료 등의 보관에 필요한 쇼케이스나 진열장비 및 진열보조용구 등을 지원하는 활동이다.

99.주로 팔레트에 쌓아 올린 물품의 보과네 이용하는 랙으로 가장 광범위하게 사용되며 범용성이 있는 형태로서의 화물의 종류가 여러 가지라도 유연하게 보관을 할 수 있는 랙은?

① 팔레트 랙(Pallet Rack)
② 드라이브 인 랙 (Drive-in Rack)
③ 하이 랙 (High Rack)
④ 유동 랙 (Flow-through Rack)
⑤ 슬라이딩 랙 (Sliding Rack)

정답 : ①

팔레트 랙 (Pallet Rack)은 범용성이 있는 형태이며 화물의 종류가 여러 가지라도 유연하게 보관할 수 있다. 그러나 통로면적이 보관면적보다 많아져 용적 효율이 떨어지고 안전성이 결여되어 있다. 또 바닥면적 활용률이 낮다.

100. 다음은 B회사의 물류량과 가격에 관한 사항이다. 물류비 예산과 실적과의 차이 합계는 얼마인가?

<보기>

* 실제 물류량 600개	* 예산 물류량 400개
* 실제가격 1,200원/개	* 예산가격 1,000원/개

① 120,000원 ② 430,000원 ③ 210,000원 ④ 320,000원 ⑤ 360,000원

정답 : ④

1.물류비 예산차이: (1,200-1,000)×600=120,000(원)

2.물류비 실적차이: (600-400)×1,000=200,000(원) 그러므로 320,000(원)

실전문제 30

1. '제품이나 서비스가 생산자로부터 소비자에 이르기까지 거치게 되는 단계'를 일컫는 말로 가장 적합한 것은?

① 유통산업 ② 유통경로 ③ 유통구조 ④ 유통기관 ⑤ 유통과정

2. 다음은 유통흐름에 대한 설명이다. 괄호 안에 들어갈 적절한 용어가 순서대로 나열된 것은?

> 유통흐름(Distribution Flow)이란 생산부문에서 소비부문으로 거래요소의 흐름을 말하는데 상품의 소유권 이동을 뜻하는 ( ), 상품 그 자체의 이동을 의미하는 ( ), 그리고 소비부문에서 생산부문으로 상품에 대한 대가로서 자금의 이동인 ( ), 마지막으로 이 세 유통을 제어하기 위한 생산부문과 소비부문과의 쌍방향적 ( )으로 구성된다.

① 상적 유통 - 물적 유통 - 자금 유통 - 정보 유통
② 물적 유통 - 자금 유통 - 정보 유통 - 상적 유통
③ 자금 유통 - 정보 유통 - 물적 유통 - 상적 유통
④ 자금 유통 - 정보 유통 - 상적 유통 - 물적 유통
⑤ 정보 유통 - 물적 유통 - 자금 유통 - 상적 유통

3. 기업 전체의 입장에서 물적 유통의 영역에 대하여 설명한 것 중 가장 올바르지 않은 것은?

① 조달물류는 제조업체로부터 공급요청을 받은 공급처가 원자재를 포장하여 제조업체의 자재 창고까지 수송 및 배송을 하고 제조업자가 입고된 원자재를 자재창고에 보관 및 재고관리하는 단계까지를 말한다.

② 생산물류는 자재창고에서의 출고로부터 생산공정으로의 운반, 생산공정에서의 하역, 그리고 창고에의 입고까지 전 과정을 말한다. 생산물류에서는 운반 및 하역의 자동화와 창고의 자동화가 관리의 초점이 된다.

③ 판매물류는 제품이 소비자에게로 전달될 때까지의 수송 및 배송활동으로서 제품창고로부터 제품의 출고, 배송센터까지의 수송, 배송센터로부터 각 대리점이나 고객

에게 배송되는 작업 등이 포함된다.

④ 로지스틱스 관리는 원자재의 구매로부터 생산된 최종제품을 최종소비자에게 전달까지의 물적 흐름과 이 과정에서 발생하는 정보흐름을 관리하는 포괄적인 개념이다.

⑤ 로지스틱스 관리는 공급자, 제조업자, 물류업자, 유통업자의 공급망을 통합된 하나의 시스템으로 보고 이를 최적활 하고자 하는 종합경영 물류활동이다.

4. 유통기능의 통괄적 분류와 그에 대한 설명이 가장 올바르지 않게 짝지어진 것은?

① 시간적 기능 - 보관기능

② 장소적 통일기능 - 운송기능

③ 품질적 통일기능 - 규격과 표준화

④ 양적 통일기능 - 생산과 소비의 수량적 통일기능

⑤ 인격적 통일기능 - 물리적 위험과 경제적 위험의 담보기능

5. 유통경로의 필요성으로 보기 어려운 것은?

① 거래의 단순화

② 정보탐색의 용이성

③ 구색맞춤(분류 기능)

④ 총거래수 최소화

⑤ 소비자 효용의 감소

6. 유통단계에 있어 생산자와 소매상 사이에 도매상이 개입하기에 좋은 조건으로 볼 수 없는 것은?

① 생산부문이 다수의 중소규모 생산자로 구성되어 있다.

② 생산자나 소매상이 지리적으로 넓게 분산되어 있다.

③ 생산자가 서로 다른 특정 상품의 생산에 전문화되어 있나.

④ 소매상의 상품 구성이 다수 생산자의 상품믹스로 이루어져 있다.

⑤ 생산자가 생산하는 제품이 희소성을 가져 선점의 필요가 있다.

7. 다음 중 유통경로에 있어 중간상이 존재해야 하는 이유로 가장 올바르지 않은 것은?

① 중간상의 개입으로 거래의 총량이 감소하게 되어 제조업자와 소비자 양자에게 실질적인 비용감소 및 거래의 효율성을 제공한다.

② 제조업자는 생산을 그리고 유통업자는 유통을 전문화 할 수 있으므로 보다 경제적이고 능률적인 유통기능을 수행할 수 있다.

③ 제조와 유통을 통합하여 대량판매를 하여도 규모의 경제에 의한 이점이 발생하지 않으므로 중간상을 통한 판매가 비용상 유리하다.

④ 가능한 많은 수의 중간상을 개입시켜 대량 보관이 아닌 분담 보관을 함으로써 사회 전체 보관의 총량을 감소시킬 수 있다.

⑤ 유통과정에 중간상이 개입함으로써 제조업자가 수급조절, 정보수집 및 보관에 대한 위험부담을 전담하여 수행할 수 있다.

8. 유통경로의 사회적·경제적 기능으로 가장 보기 어려운 것은?

① 교환과정의 촉진

② 제품구색의 불일치 완화

③ 제조업자와 소비자 간의 연결

④ 고객서비스의 제공

⑤ 거래의 다양화를 통한 소유권 이전

9. 유통의 경제·사회적 역할에 대한 설명 중 가장 옳은 것은?

① 유통은 소비자가 기대하는 제품을 합리적인 가격으로 적절한 시기에 필요한 양만큼 자유로이 구매하는 역할을 담당한다.

② 유통은 생산자의 기대를 충족시키고 만족도 향상과 수요 및 가격 등의 정보전달을 함으로써 생산자의 위험부담을 감소시켜주고 기술혁신을 위한 금융지원 역할을 담당한다.

③ 유통은 생산자 측면에서 소비자가 담당해야 할 물적 유통기능(배송, 보관, 하역, 포장, 재고관리 등)을 수행한다.

④ 유통은 생산자의 라이프스타일에 적합한 제품과 서비스를 선택하여 공급함으로

써 사회적으로 효율적이고 안정적인 생활을 영위하게 한다.
⑤ 유통은 양질의 제품을 생산자에게 저렴하게 공급함으로써 건전한 생산을 유도하고 가격의 제조업자가 담합을 통해 가격의 합리화를 추구하여 소비자에게 건전한 소비를 유도한다.

10. 유통산업의 경제적 역할로 보기 어려운 것은?
① 고용창출 역할
② 물가조정 역할
③ 산업발전의 촉매 역할
④ 생산자와 소비자간의 매개 역할
⑤ 유통업체간, 제소업과 유통업체간 경쟁력 약화 유도 역할

11. 제품구매 시 매입 시점을 결정함에 있어 고려해야 할 요인으로 가장 옳지 않은 것은?
① 유통경로(Channels Distribution)
② 점포정책(Store Policies)
③ 판매율(Rate of Sale)
④ 매출 - 재고관계(Sales-inventory Relationship)
⑤ 시장조건(Market Condition)

12. 개방적 유통, 선택적 유통, 전속적 유통에 대한 설명 중 가장 옳지 않은 것은?
① 개방적 유통은 시장을 더 넓게 개척하기 위하여 많은 경로구성원들을 이용함으로써 시장의 노출을 극대화하는 것을 방라하며 기업의 시장집중과 노출보다는 경로구성원의 수로서만 측정된다.
② 선택적 유통의 목적은 시장범위를 제한하는 것이며, 이 방법을 통해서 기업은 선적비용과 같은 유통비용을 낮출 수 있다.
③ 선택적 유통은 제품개념에 독특함, 희소성, 선택성 같은 이미지를 부여하고자 할 때 적절한 방법이라고 할 수 있다.
④ 전속적 유통은 정해진 지역에서 특정 경로구성원만이 활동하는 유통방식으로, 전

속권은 기업이 바람직한 경로구성원을 끌어들이기 위해서 사용하는 강력한 유인책이기도 하다.

⑤ 전속적 유통은 선택적 유통보다 여러 가지 이점을 가지고 있는데 경로구성워노가의 관계를 더욱 강화하여 판매를 보다 원활하게 할 수 있는 장점을 가지고 있다.

13. 다음 중 집중적 유통에 가장 적합한 것은?

① 식료품, 담배 등을 판매하는 편의점
② 카메라 렌즈를 전문적으로 판매하는 상점
③ 고급 의류 및 보석을 판매하는 상점
④ 특정 브랜드의 전자제품을 판매하는 단독매장
⑤ 독특한 디자인 가구를 판매하는 가구점

14. 수직적 마케팅시스템(Vertical Marketing System)은 수직적 통합의 정도, 즉 경로구성원이 각각 얼마나 많은 기능을 수행하고 있느냐에 따라 몇 가지 유형으로 구분할 수 있다. 다음 중 개별 구성원의 규정화된 집단지향성이 가장 높을 뿐만 아니라 경로구성원들에 대한 통제기능이 가장 강한 유형은?

① 관리형 경로
② 기업형 경로
③ 계약형 경로
④ 전통형 경로

15. 유통경로 상에서는 경로를 구성하는 기관 사이에서 다양한 경로갈등이 존재할 수 있다. 정보산업이 발달하면서 온라인 유통업체와 오프라인 유통업체 간의 갈등이 부각되고 있다. 이런 유형의 갈등은 무엇인가?

① 수직적 갈등
② 수평적 갈등
③ 업태간 갈등
④ 대각적 갈등
⑤ 경쟁적 갈등

16. 소매수레바퀴(Wheel of Retailing Theory)에 대한 설명으로 옳지 않은 것은?
① 차륜형 발전가설이라고도 한다.
② 혁신적인 소매상은 항상 기존 소매상보다 저가격, 저이윤 및 저시비스라는 가격소구방법으로 신규진입 하여 기존업체의 고가격, 고마진, 고서비스와 경쟁하면서 점차 기존 소매상을 대체한다는 이론이다.
③ 진입단계, 성숙단계, 쇠퇴단계의 3가지 단계로 설명이 된다.
④ 성숙단계 말기에 이르면 소매기관이 갖고 있던 초기의 혁신적인 특징이 사라지고 고가격, 고마진, 고서비스의 특징을 가진 소매기구로 변화하게 된다.
⑤ 유통시장에서 백화점이 할인점을 기쳐 전문점으로 대체되는 현상을 설명할 수 있는 이론이다.

17. 다음 박스 안의 설명은 소매업태의 변천과정 이론 중에서 어떤 이론에 해당되는지 고르시오?

이 이론은 제품 구색의 변화에 따라 소매업태가 변화한다는 것이 핵심이다. 즉, 넓은 구색에서 전문화된 좁은 구색으로 변화를 반복한다는 것이다.

① 소매 아코디언 이론(Retail Accordion Theory)
② 소매 라이프 사이클 이론(Retail Life Cycle Theory)
③ 소매차륜 이론(The Wheel Retailing Hypothesis)
④ 변증법적 이론(The Dialectic Process Hypothesis)

18. 유통업태의 변회이론 중 소매수명주기이론은 유통업태가 시간이 지남에 따라 일정한 단계를 거쳐 발전한다는 이론이다. 다음 중 성장기의 소매업자 전략으로 가장 올바른 것은?
① 시장의 성장가능성이 아직은 불확실하므로 라이프 사이클상 다음 단계에 도달할 때까지는 선별적인 투자를 한다.
② 고객이 기존업태와 새로운 업태와의 차별성을 인식할 수 있도록 신업태의 개념

을 정립하고 정착시키기 위해 노력한다.

③ 수익률이 높은 시장에서 성장 유지를 위해 시장위치를 선점하려고 노력한다.

④ 성장세분시장에 대한 선별적인 투자를 통해 자본지출을 최소화 한다.

19. 소매상에 대한 설명으로 가장 옳지 않은 것은?

① 소매상은 비영리적 목적으로 구매하려는 최종소비자에게 재화나 서비스를 판매하는 조직이나 사람을 의미한다.

② 소매상의 성격은 수익률, 재고회전율, 제품구색, 위치 그리고 제공하는 서비스에 따라 달라진다.

③ 소매상이 다수 제조업체의 제품을 취급하여 제품의 구색이 많아지고 대형화되면 도매상으로 분류된다.

④ 무점포소매상으로는 방문판매, 전화소매상, 자동판매기, 우편주문 소매상 등이 있다.

⑤ 소매상은 유통경로상의 마지막 단계로서 최종소비자와 직접 접촉한다는 점에서 제조업체와 도매상의 판매성과에 큰 영향을 미친다.

20. 소매업체들이 구매준비를 할 때 고려해야 할 사항으로 가장 올바르지 않은 것은?

① 소매업의 구매는 제조업에 있어 판매의 시작이므로 제조업 판매전략을 따른다.

② 표적고객, 제품분류, 가격추세 등을 감안하여 머천다이징 전략을 수립한다.

③ 순이익을 올리기 위하여 판매액, 제품이익률, 회전율 등에 대한 전체적인 계획을 한다.

④ 조화를 이루며 소비자에 대한 흥미를 자극할 수 있도록 진열될 아이템 그룹들을 선정한다.

⑤ 매출이 좋은 아이템과 제품구색이 잘 맞는 아이템들을 묶음으로 갖추려고 노력한다.

21. 최근 소매업 변화현상의 하나인 소매업(태)의 양극화 현상을 가장 잘 설명한 것을 고르시오?

① 대표적인 예는 미국 등 선진국의 백화점 체인 같은 하이테크(High-Tech)형 소매업의 성장이다.

② 할인점은 하이터치(High-Touch)형 소매업의 성장이라 할 수 있다.

③ 창고형 멤버십 클럽 등은 앞으로 더욱 하이터치형 사업전략을 강화하여야 할 것이다.

④ 아울렛의 성장도 하이터치형 소매업태의 좋은 예이다.

⑤ 까르푸와 같은 하이퍼마켓은 하이테크형 소매업태라 할 수 있다.

22. 제품에 대한 소유권을 가지기는 하지만 물리적으로는 제품을 취급하지 않고, 제품을 구매하고 싶어 하는 소매상과 접촉하여 계약을 체결하고 제품은 공급자 또는 생산자가 직접 소매상에게 선적하게 하는 한정서비스 도매상은?

① 현금인도 도매상

② 트럭 도매상

③ 직송 도매상

④ 우편주문 도매상

⑤ 제조업자 판매사무소

23. 업종과 업태에 대한 구분이 바르지 않은 것은?

① 업종이라 함은 생산자의 시각에서 정의한 것인 반면, 업태는 소비자의 시각에서 정의한 개념이다.

② 업종의 분류기준은 취급상품의 성격을 기준으로 분류하는 반면, 업태는 소매전략을 기준으로 분류하는 개념이다.

③ 업종으로 유통점을 분류한 예로는 할인점, 카테고리 킬러 등이 있고, 업태의 예로는 대리점 등이 있다.

④ 소매업에서 업태 개념이 도입된 것은 서구의 백화점과 슈퍼마켓이 그 효시이다.

24. 다음은 유통단계에서 어떤 사업자를 설명하는 내용인가?

다른 도매상과는 달리 POS 자동주문시스템 등 정보화된 물류체계를 갖추고 편의점 본부, 슈퍼체인 본부 등 체인화 된 소매업체에게 식품, 공산품, 잡화 등 분야별로 특화된 상품들을 하루 1~2회, 또는 격일 간격으로 공급하는 다품종 소량도매업자

① 전문도매상(Specialty Wholesaler) ② 벤더(Vender)
③ 대리인(Agent) ④ 브로커(Broker)

25. 소매업태의 하나로서 '백화점'에 관한 설명이다. 올바르게 설명한 것은?
① 매출을 발생시키는 핵심내용 및 매출규모로 볼 때 백화점은 도매활동이 더욱 활발하여 분류상 도매상에 속한다.
② 백화점은 상품구성에 있어서 상품의 넓이뿐만 아니라 상품의 깊이 또한 상당히 깊은 업태의 성격을 가지고 있다.
③ 역사적으로 백화점은 전문점이 규모면에서 대형화되고 전국적인 체인화 등을 통해 확장된 업태이다.
④ 백화점은 의류분야 및 잡화류판매가 매출에서 차지하는 비중이 가장 높으며, 기타 음식료품에 대한 판매는 하지 않는 업태이다.

26. 마케팅에 대한 사회적 비판을 모두 나열한 것은?

가. 높은 광고비용과 촉진비용의 소비자 전가
나. 과도한 가격인상
다. 포장을 통한 내용물 과장
라. 계획적 진부화

① 가, 나, 라 ② 나, 다
③ 가, 나, 다 ④ 가, 나
⑤ 가, 나, 다, 라

27. 프랜차이즈 사업본부 입장에서의 장점과 가장 거리가 먼 것은?
① 과도한 자본을 투자하지 않고 보다 빠르게 시장을 확대할 수 있다.
② 지역시장에서 밀착경영이 가능하다.
③ 인지도 높은 유명 상호로 소자본 창업이 가능하다.
④ 유연한 유통망 확보가 가능하다.
⑤ 재무위험의 공유와 안정된 수익의 보장이 가능하다.

28. 다음 글에서 (㉠), (㉡), (㉢)에 들어갈 영어 용어가 순서대로 나열된 것은?

(㉠)란 일정 기간 동안 본부가 가맹점에게 자신의 상표, 서비스, 상품, 상호, 노하우 및 기타 기업운영방식을 계약에 의해 사용하고 영업할 수 있는 권한이나 특권을 허가해 주는 유통형태를 말하며, 이때 본부를 (㉡)(이)라고 하고 가맹점을 (㉢)(이)라 한다.

	㉠	㉡	㉢
①	Franchisee	Franchisor	Franchise
②	Franchise	Franchisee	Franchisor
③	Franchise	Franchisor	Franchisee
④	Franchisor	Franchise	Franchisee
⑤	Franchisor	Franchisee	Franchise

29. 다음 중 전문점의 특징이 아닌 것은?
① 고객에 대한 전문적인 상담과 서비스를 제공한다.
② 개성화되고 차별화된 상품을 취급한다.
③ 다양한 상품 종류에 대해서 제한된 품목을 깊이 있게 취급한다.
④ 일반적으로 스토어 로열티가 높은 편이다.
⑤ 품종의 선택, 고객의 기호, 유행의 변천 등 예민한 시대감각으로서 독특한 서비

스를 제공함으로써 합리적 경영을 실현하고 있다.

30. 다음은 카테고리 킬러(Category Killer)에 대한 설명으로 가장 거리가 먼 것은?
① 특정 상품 카테고리를 깊게 취급
② 특정상품군을 할인점보다 더 낮은 가격으로 판매
③ 대형화 및 체인화 , 도시 외곽지역에 입지 등을 특징으로 함
④ 창고형 점포로서 주로 회원제로 운영함
⑤ 할인점보다도 낮은 가격에 판매함

[정답]

1	②	11	①	21	⑤
2	①	12	①	22	③
3	⑤	13	①	23	③
4	⑤	14	②	24	②
5	⑤	15	②, ③	25	②
6	⑤	16	⑤	26	⑤
7	⑤	17	①	27	③
8	⑤	18	③	28	③
9	①	19	③	29	③
10	⑤	20	①	30	④

참고문헌

구종순, 무역실무, 2006, 박영사

박정섭, 물류관리사 30일 완성, 2006, 두남

이춘길 편저, 유통관리사 기출문제, 2012, 한국고시회

김철민, 물류관리사 이렇게 합격했다, 2006, 시대고시기획

김성태, 물류관련 법규해설, 2004, 학현사

로지스틱스21, 국제물류론, 2007, 한국물류정보서비스

최재섭・배두환, 유통정보론, 2003, 현학사,

EBS 교육방송, 물류관리사 기출문제집, 2013, 신지원

안영일 편저, 유통관리사 한권으로 끝내기, 2015, 시대고시기획

유창권 저, 물류관리론, 2012, 형설출판사

황사빈 편저, 유통관리사 2급 단기완성, 2013, 신지원

우치홍 편저, 물류관리사 5주완성, 2012, 시스컴

이춘길 저, 유통관리사 2급 명품, 2014, 명품출판사

한병선 외, 신물류관리, 2003, 율곡출판사

김병일, 글로벌 물류관리, 2004, 학현사

Chapter

1. 유통의 이해
2. 유통의 분류
3. 유통의 역할과 기능
4. 상적 물적 유통
5. 유통경로 개념
6. 유통경로상 중간상의 필요성
7. 유통경로 효용 - 사회·경제적 기능
8. 유통경로의 마케팅 기능과 갈등 관리
9. 유통경로 조직
10. 유통경로의 힘(권력)
11. 유통기관의 분류 [도매상]
12. 도매 기관의 형태
13. 도매 기관의 기능
14. 유통기관의 분류 [소매상]
15. 소매업의 마케팅 기능
16. 소매상의 진화 발전 이론
17. 소매상의 유통업태 유형 및 특성
18. 판매의 개념과 자세
19. 판매원의 매장 내에서의 역할

20. 판매원의 접객용어와 사용법
21. 기업윤리의 정의
22. 기업윤리 필요성
23. 자기이익 모델과 사회이익 모델
24. 기업윤리에서 추구하는 가치이념
25. 유통과 기업윤리
26. 기업윤리의 상관관계와 환경변화
27. 유통산업발전법(流通産業發展法)
28. 소비자기본법(消費者基本法)
29. 청소년보호법(靑少年保護法)
30. 상품의 이해
31. 상품분류
32. 상품구성과 진열
33. 상품 매입관리
34. 머천다이징(Merchandising)
35. 상품 재고관리
36. 디스플레이(Display)
37. 매장과 점포 Lay-Out
38. 점포공간 계획 및 관리
39. 플래노그램(Planogram) & 웨보그램(webogram)
40. 유통서비스

41. 서비스마케팅

42. 서비스 특성 문제점 / 대응전략

43. 포장의 상품 기능

44. POS(Point of Sale)시스템

45. 판매촉진

46. POP(Point Of Purchase)광고

47. 소스마킹 & 인스토어마킹

48. 바코드(Bar Code)

49. 컴플래인(Complaint)

50. 판매지향적 사고와 고객지향적 사고

51. 고객의 정의 / CRM

52. 매슬로우(Maslow) 욕구단계 이론

53. 고객 심리(반응) 6단계

54. 고객 카드 활용

55. 고객만족(CS) 조사 3원칙

56. MOT(Moment Of Truth) 이해

57. 인사관리

유통물류관리 입문

초판인쇄 | 2022년 10월 24일
초판발행 | 2022년 10월 26일

저　　자 | 이태안

발 행 인 | 이성범
발 행 처 | 문운당
주　　소 | 서울시 종로구 혜화로5길 16 (명륜1가 45-3)
전　　화 | (02)762-6010
팩　　스 | 영업 (02)745-0265 / 편집 (02)762-0758
이 메 일 | 영업 munun2@chol.com
　　　　　편집 munundang@naver.com
홈페이지 | http://munundang.co.kr

ISBN 979-11-5692-642-9 93320

정가 16,000원